초등학생이 꼭 가야 할

교과서
역사
여행

초등학생이 꼭 가야 할

교과서 역사 여행

정인수 글 | 윤유리 그림

풀빛

작가의 말 _

교과서 들고 여행을 떠나요

　교과서를 보다 보면 가고 싶은 곳이 많이 나와요. 역사적인 명소나 경치가 좋은 곳, 국보와 보물이 있는 곳 등등 교과서 속에는 다양한 여행지가 숨어 있지요. 이 책은 그런 여행지를 모아서 소개하는 책이에요. 주인공들은 교과서 속에 나오는 여행지를 탐험하면서 주어진 미션을 하나하나 해결해 나간답니다.

　선생님은 이 책을 쓰면서 우리 어린이들이 한 달에 한 번 이상은 여행을 갔으면 좋겠다는 기대를 품었답니다. 한 달에 한 번이면 여행을 많이 간다고 생각할지 모르지만 꼭 그렇지도 않아요. 지하철이나 버스를 타고 가까운 곳에 다녀오는 것도 여행이니까요.

　그런데 대부분의 어린이들은 여행을 자주 가지 못하는 것 같아요. 부모님이 바쁘기도 하고, 학원도 가야 해서 여행을 할 시간이 부족하기 때문이에요. 또 어쩌다가 여행을 간다고 해도 산이나 바다에 가서 맛있는 것을 먹고 돌아오는 것이 전부지요. 참 안타까운 일이에요.

　옛말에 '백문이 불여일견'이라고 있죠? '백 번 듣는 것보다 한 번 보는 것이 낫다.'는 뜻이에요. 여행을 가서 직접 보고 느끼는 것이 책상 앞에 앉아서 교과서를 보는 것보다 우리 문화를 더 잘 이해할 수 있는 좋은 방법이랍니다. 여행은 많이 하면 할수록 좋아요. 다른 세상을 보고 듣고 느끼고 직접 체험하면서 상식도 넓어지고 지식도 쌓을 수가 있으니까요. 물론 학교 공부에도 도움이 되고요. 특히 견문이 넓어진답니다.

우물 안에 사는 개구리는 그 우물이 온 세상인 줄 알아요. 그러나 우물 밖으로 나와 보면 세상이 얼마나 넓고 대단한지 알게 되죠. 여행은 더 넓은 세상을 바라보며 더 큰 꿈을 갖게 해 주지요. 사실 학교 공부보다 중요한 것은 넓은 세상을 보고 더 큰 꿈을 꾸는 것입니다.

여러분이 살고 있는 주변에도 여행지가 많답니다. 또 그중에는 교과서에 나오는 곳도 있을 거예요. 그런 곳부터 한 군데씩 갔다 오면 어떨까요? 혼자 가기가 망설여지면 친구들과 함께 가도 좋아요. 서로 같은 것을 보고도 다른 감상을 느낄 수 있는데, 이런 감상을 나누는 것도 재미있을 거예요.

어린이 여러분, 꿈도 없이 그저 학원 숙제와 컴퓨터에만 매달려서 하루하루를 보낼 건가요? 당당하고 멋진 어린이, 우물 안 개구리가 아니라 더 넓은 세상을 바라보며 큰 꿈을 꾸는 어린이가 되고 싶다면 지금부터 여행을 시작하세요.

끝으로 여행을 갔다 오면 꼭 여행기를 써 두는 습관을 들여놓기를 바랍니다. 어디를 가서 무엇을 보고 어떻게 느꼈는지 기록해 놓으면 학습 효과가 더 높아지거든요. 사진도 찍어 두세요. 사진만 봐도 그때의 느낌이 고스란히 되살아날 겁니다. 그것이 진짜 공부랍니다.

정인수
2014. 2

차례_

- 작가의 말 _ 4
- 프롤로그 _ 10

1 대관령 위인의 발자취를 찾아라   14

- 마을을 지키는 신이 머무는 성황당 _ 18
- 반정에서 신사임당 시를 읊고 _ 20
- 대관령 길을 닦은 사람은 누구일까? _ 23
- 힘겹게 오르는 아흔아홉 굽이 길 _ 25
- 사람이 다니는 길이 문화재라고? _ 27
- ★ 오공이의 역사 탐방기 ❶ _ 30

2 강화도 나라의 소중함을 배우자   32

- 조선 시대 의궤를 보관하던 곳은 어디일까? _ 36
- 대포에 맞은 흔적 _ 40
- 목수를 배신한 여자를 찾아라! _ 44
- 단군 할아버지는 언제 우리나라를 세웠을까? _ 48
- ★ 오공이의 역사 탐방기 ❷ _ 52

3 경남 통영 통영의 예술을 탐험하라   54

- 천사의 날개가 숨어 있는 동피랑 _ 58
- 마을을 지키는 벅수 _ 60
- 박경리 생가를 찾아라 _ 64
- 봄이 그린 동백꽃 그림 한 장 _ 65
- 해저 터널의 비밀 _ 67

★ 오공이의 역사 탐방기 ❸ _ 74

4 공주 무령왕릉 백제 왕릉의 비밀 파헤치기   76

- 무덤을 지키는 수호신 진묘수 _ 79
- 우리나라 최초로 이름을 남긴 장인은 누구일까? _ 82
- 금동신발의 비밀 _ 85
- 일본 왕족이 왜 무령왕에게 제사를 올렸을까? _ 89

★ 오공이의 역사 탐방기 ❹ _ 94

5 국립 부여 박물관 백제 문화의 신비를 풀어라   96

- 우리나라 최초의 산수화를 찾아라 _ 98
- 입 벌린 호봉이 _ 102
- 백제 금동 대향로가 하수구에 버려진 이유는? _ 105
- 정림사지 오층 석탑에 숨은 슬픈 사연 _ 109

★ 오공이의 역사 탐방기 ❺ _ 114

6 서울 성곽 옛 성곽 따라 서울 600년 돌아보기   116

- 적이 나타났을 때 피우는 봉화의 개수는? _ 119
- 서울의 좌청룡과 우백호 _ 123
- 인왕산 호랑이가 돌아왔다! _ 126
- 총 맞은 소나무 _ 129
- 서울에 북대문이 있을까? _ 132
- ★ 오공이의 역사 탐방기 ❻ _ 136

7 서울 아차산 고구려의 보루를 탐험하라   138

- 바보 온달과 평강 공주를 찾아라 _ 142
- 아차산은 왜 아차라고 부를까? _ 144
- 명품 소나무 _ 148
- 고구려 보루는 어떻게 생겼을까? _ 151
- ★ 오공이의 역사 탐방기 ❼ _ 156

8 철원 한탄강 한탄강의 비밀을 풀어라   158

- 왜 철의 삼각 지대일까? _ 162
- 임꺽정의 꺽은 물고기의 꺽 _ 165
- 한탄강의 놀라운 비밀 _ 168
- 주상절리를 찾아라 _ 171
- 나이아가라 폭포 찾기 _ 174
- ★ 오공이의 역사 탐방기 ❽ _ 178

9 순천 순천만 갈대밭과 갯벌의 추억 쌓기   180

- 대머리 독수리를 찾아라 _ 182
- 여자의 마음을 왜 갈대와 같다고 할까? _ 185
- 갯벌의 개구쟁이 짱뚱어 _ 189
- 최고의 노을 감상하기 _ 191

★ 오공이의 역사 탐방기 ❾ _ 196

10 문경 새재 옛 과거 길을 걸어서 넘다   198

- 옛 과거 길 문경 새재 _ 201
- 나그네를 위한 시설은 무엇이 있었을까? _ 203
- 산불됴심비와 소원성취탑 _ 206
- 상처 난 소나무의 가슴 아픈 사연 _ 209
- 옛 선비들의 시를 찾아라 _ 212

★ 오공이의 역사 탐방기 ❿ _ 218

프롤로그

탐험을 시작하다

"어이쿠!"

오공이는 거대한 풍력 발전기를 올려다보다가 뒤로 벌러덩 넘어지고 말았다. 그 모습을 본 아이들이 와하하하 하고 웃어 댔다.

여기는 대관령 정상. 오공이가 이곳에 온 것은 아빠 때문이었다.

며칠 전이었다. 회사에서 퇴근하신 아빠가 말씀하셨다.

"오공아, 너 탐험대랑 같이 여행 한번 해 볼래?"

"무슨 여행이요?"

"교과서 역사 여행! 교과서에 나오는 곳을 탐험대와 함께 여행하는 거야. 탐험 대장이 여행지에 대해서 자세히 설명도 해 주고."

"우와, 재미있겠다!"

 오공이는 신이 났다. 교과서를 보면서 직접 가 보고 싶은 곳이 있었는데 진짜로 갈 수 있게 되다니 말이다.
 "그런데 미션을 해결해야 해."
 "미션이라니요?"
 "너, 남산에 가 봤지? 거기 봉수대 있잖아. 그런 걸 찾으라는 미션이 여행지마다 주어진대."
 순간 오공이는 웃음이 나왔다. 그런 일은 식은 죽 먹기였다.
 "여행을 마친 뒤에는 탐험대 안에서 탐험왕도 뽑는다니까 잘해 봐. 탐험왕에 뽑히면 해외여행 보내 준다더라."
 "해, 해외여행?"

오공이는 벌어진 입을 다물 수가 없었다. 여행을 가는 것만도 신이 나는 일인데, 탐험왕이 되면 해외여행도 보내 준다니!
'으흐흐. 이런 걸 일석이조라고 하던가.'

"고만 좀 올려다봐. 그러다 목 돌아가겠다~."
웬 여자아이가 옆에서 웃으며 말했다. 오공이는 목을 한껏 젖히고 풍력 발전기를 올려다보다가 재빨리 자세를 바로잡았다.
"내 목이 돌아가든 말든 네가 무슨 상관이니?"
오공이는 퉁명스럽게 말했다.
"그럼 내가 큰일 나지! 너희 아빠가 이 저팔숙한테 널 보호해 달라고 신신당부하셨거든."

그 아이의 말에 오공이는 '푸핫!' 하고 웃고 말았다. 어이가 없었다. 남자인 자신을 여자가 보호한다니! 게다가 저팔숙이라는 이름도 이상했다.
"아무튼 딴짓 할 생각은 아예 말아라."
"으하하, 너나 조심해. 여긴 정글이나 다름없거든."
그랬다. 풍력 발전기 옆으로는 숲이 우거져 있었다. 그 숲 사이로 길이 보였다. 그때 검은 선글라스를 낀 아저씨가 풍력

대관령 정상에 위치한
풍력 발전기

발전기 뒤에서 나타났다.

"여러분 환영한다. 나는 탐험 대장 부르도크다. 오늘 탐험할 대관령은 아주 깊은 고개라 멧돼지를 만날 수도 있다. 아주 위험한 곳이라는 얘기야. 알겠나?"

부르도크의 말에 아이들은 "네!" 하고 대답했다.

"목소리 봐라, 이거? 아침밥 안 먹었나? 다시 한 번 말한다. 알겠나?"

"네~!"

그때서야 아이들은 목청껏 외쳤다. 그 바람에 나무에서 지저귀던 새들이 푸드득 하고 날아갔다.

순간 오공이의 머릿속은 복잡해지기 시작했다. 멧돼지보다 부르도크가 더 무서울 것 같았다. 이 여행을 무사히 마칠 수 있을지 걱정 반, 기대 반이었다.

1. 대관령
위인의 발자취를 찾아라

강원도 강릉시와 평창군 사이에 놓인 대관령은 예로부터 동해안과 내륙을 이어 주는 고갯길이었다. 높이가 832미터나 되고 아흔아홉 개나 되는 굽이로 이루어져 있어서 무척 험한 옛길로 알려져 있다. 산적도 많았고 호랑이도 많았지만, 지금은 곳곳에 옛이야기가 남아 있다. 대관령을 탐험하며 숨은 옛이야기를 찾아보자.

"대관령 탐험의 미션은 '위인의 발자취를 찾아라.'다. 옛날에 대관령을 다니던 사람 중에서는 유명한 사람들이 많았거든. 군데군데 표시가 있으니까 잘 찾아보도록."

부르도크의 말에 탐험대 아이들이 빠르게 흩어졌다. 오공이는 미션이 잘 이해되지 않았다. 그냥 평범한 산길처럼 보이는데, 대체 어디에 위인의 흔적이 남아 있다는 거지?

팔숙이와 한 조가 된 오공이는 눈앞에 난 길을 따라 걷기 시작했다. 겨우내 얼어 있던 땅이 녹으면서 질퍽질퍽했다.

"나만 따라오면 괜찮아."

팔숙이는 성큼성큼 앞서 가며 말했다.

"쳇!"

오공이는 심드렁한 표정이 되었다. 팔숙이가 대장처럼 앞서 가니까 괜히 다른 길로 가고 싶어졌다. 멀쩡한 길을 놔두고 풀밭 위로 올라설 때였다. 갑자기 몸이 공중으로 붕 뜨더니 '꽈당!' 하고 넘어지고 말았다.

"호호호! 내 말 안 듣더니 꼴 좋~다!"

팔숙이는 신이 나서 웃어 댔다.

대관령 옛길에 핀 야생화들. 왼쪽부터 개별꽃, 얼레지, 산괭이눈

"으~!"

오공이는 화가 났다. 풀밭에 물기가 많아서 미끄러진 것이다. 그런데, 주변에 웃고 있는 것이 또 있었다! 이름 모를 꽃들이었다.

"어머! 정말 예쁘네!"

팔숙이는 휴대 전화를 꺼내서 사진을 찍었다. 별처럼 예쁜 개별꽃, 새색시처럼 고개를 숙이고 있는 얼레지, 산괭이눈, 산자고, 노랑제비꽃, 현호색……. 대부분 학교 화단에서는 볼 수 없는 야생화들이다.

오공이는 일어서서 옷에 묻은 흙을 털었다. 하지만 진흙이라서 엉덩이 부분은 더러워져 있었다.

"너, 꼭 거지같다."

"이게 진짜!"

오공이는 화가 났지만 어쩔 수 없었다.

마을을 지키는 신이 머무는 성황당

산길을 한참 오르니 웬 기와집 한 채가 보인다. 작긴 하지만 분명히 집이었다.

"혹시 귀신의 집 아니야?"

팔숙이 말에 오공이는 머리카락이 삐죽 하고 서는 느낌이었다.

"귀, 귀신?"

"그래? 귀신이 아름다운 여인으로 변신해서 지나가는 나그네를 유혹해 잡아먹는다는 이야기, 너 몰라?"

그때 탐험대 아이들을 이끌고 부르도크가 나타났다.

"여긴 국사 성황당이라는 데야. 너희 성황당이 뭔지 알아?"

국사 성황당은 대관령을 넘나드는 사람들의 안녕과 건강을 기원하는 곳이었다.

부르도크가 말했다.

성황당은 한 번도 들어본 적이 없었다.

"몰라요."

"성황당은 마을을 지켜주는 신이 머무는 곳이지. 바로 이곳이 성황신이 계신 곳이야."

국사 성황당에 모셔져 있는 신은 범일(810~889)이라는 신라 때의 고승이라고 한다. 범일은 강릉에서 태어나 통일 신라 때 국사(나라의 스승이 될 만한 고승)가 되

었다. 좋은 일을 많이 해서 사람들이 신으로 모셨고, 그래서 이곳 성황당 이름을 국사 성황당이라고 한다. 매년 봄이면 이곳에서 성황제를 올린다. 특히 강릉 단오제가 열릴 때에는 이 성황신을 강릉 시내로 모셔 오는 행사도 벌인다고 한다.

　오공이는 얼른 휴대 전화로 인증 샷을 찍어 두었다. 범일 국사도 분명 대관령과 관련이 있는 위인이기 때문이다.

　그런데, 성황당 오른쪽 뒤 언덕에도 조그마한 집 한 채가 서 있었다. 사람이 살기에는 너무 작아 보였다. 오공이는 궁금했다. 도대체 왜 저렇게 작게 지었을까?

오공이는 한발 한발 다가갔다. 마침내 집 문 앞에 이르렀다. 오공이는 문을 열까 말까 망설였다. 뭐가 있을지 몰라 괜히 으스스한 느낌이 들었기 때문이다.

'설마 누가 있겠어?'

오공이는 그렇게 생각하며 문고리를 잡았다. 문을 막 여는 순간,

"귀신이다!"

뒤에서 나는 소리에 오공이는 "으악!" 하고 비명을 지르며 주저앉고 말았다.

"어라? 얘, 진짜 겁쟁이잖아?"

팔숙이였다.

"간 떨어질 뻔했잖아!"

그때서야 오공이는 정신을 차리고 소리를 버럭 질렀다.

"이상하다? 웬 장군님 그림만 있잖아!"

팔숙이 말에 안을 들여다보니 진짜 장군 그림이 놓여 있었다. 도대체 이 장군은 누구일까? 그리고 왜 이곳에 있는 것일까?

반정에서 신사임당 시를 읊고

그림 속 장군의 정체를 밝혀내지 못한 채 오공이와 팔숙이는 산길을 내려왔다. 길 끝에 아스팔트 포장도로가 나타났다. 도로는 번듯한데 차는

거의 다니지 않았다.

"왜 이렇게 썰렁해?"

오공이는 도로를 위아래로 훑어보며 말했다. 예전에는 이 길이 서울과 강릉을 잇는 고속 도로였지만, 지금은 새 길이 나서 사용하지 않는다고 한다. 그때, 길 위쪽에 삐죽 솟은 탑이 보였다.

"저건 신사임당의 시비야. 시비는 시를 새긴 비석이지. 너희들 신사임당이 누군지 모르는 건 아니겠지?"

신사임당(1504~1551)은 조선 중기의 위대한 학자 이율곡(1536~1584)을 낳으시고 기르셨다. 당시에는 시와 그림 실력이 뛰어나서 천재 화가로 불렸다. '어머니의 모범'으로 여겨지는 위인이니, 신사임당과 관련된 미션이 나올 게 뻔했다. 아이들은 바짝 긴장하며 신사임당 시비로 뛰어갔다.

"여기 시가 있다. 내가 읽어 볼게."

팔숙이는 시비 아래에 적혀 있는 시를 가리켰다.

〈사친시〉

늙으신 어머님을 고향에 두고
외로이 서울 길로 가는 이 마음
돌아보니 북촌은 아득도 한데
흰 구름만 저문 산을 날아 내리네.

대관령에 있는 신사임당 시비

'사친시'는 어머니를 생각하며 쓴 시라는 뜻이다.

"왜 힘들게 이렇게 높은 곳에 시비를 세웠죠?"

오공이는 궁금해 물었다.

"신사임당이 이 길을 자주 다녔으니까. 신사임당의 친정집은 강릉이었고, 시집은 서울이었어. 그래서 친정 부모님을 뵙기 위해 대관령을 여러 번 넘었지. 이 시도 신사임당이 대관령을 지나며 고향에 홀로 계신 어머니를 그리워 하는 마음을 담아서 쓴 거야."

대관령 길을 닦은 사람은 누구일까?

신사임당 시비가 있는 곳은 '반정'이라고 한다. 반정은 대관령 길의 절반이라는 뜻이다.

"벌써 반이나 왔어?"

오공이는 피식 웃음이 나왔다. 대관령이라는 말에 잔뜩 긴장하고 왔는데, 한 시간 만에 절반을 내려왔으니 말이다. 하지만 이제부터가 진짜 모험이다. 반정에서 내려가는 길은 수도 없이 구불구불 꺾어진다.

내려가다 보니 언덕 위에 웬 무덤 하나가 보였다. 도대체 누가 이런 길가에 무덤을 만들었을까? 오공이는 궁금하기도 하고 한편으로는 약간 무섭기도 했다. 무덤은 그다지 반가운 게 아니니까.

"저 무덤의 주인공이 바로 대관령 길을 닦은 분이야."

부르도크의 말이다. 1824년에 하급 관리를 지낸 이병화라는 사람이 바로 그 주인공이라고 한다. 그는 대관령 길이 너무 험해 다니기가 쉽지 않자, 자기 돈을 들여서 직접 길을 닦았다. 그리고 관리직을 그만두고 대관령 길가에서 주막을 운영하며 길손에게 밥도 팔고 잠자리도 제공하며 살았다.

옛날 길손들이 쉬어가던 주막을 재현한 곳

"그러면 저 분도 위인이네?"

팔숙이의 말에 오공이는 얼른 사진을 찍었다. 유명한 사람은 아니지만 대관령에서는 중요한 인물이다. 마침 무덤 앞에는 '유혜불망비'라는 비석이 하나 서 있었다. 은혜를 잊지 않고 세운 비석이라는 뜻이다.

비석을 지나서도 길은 계속 꼬불꼬불 이어졌다.

"꼬부랑꼬부랑~. 이 길 진짜 재미있지! 옛날에 이율곡 선생이 곶감 들고 과거를 보러 가던 길이야."

부르도크는 이야기를 시작했다. 이율곡 선생은 곶감 100개를 챙겨서 길을 떠났는데, 대관령에 들어선 뒤 한 굽이를 돌 때마다 하나씩 빼 먹었다. 마침내 맨 꼭대기에 올라와 보니, 곶감은 딸랑 한 개만 남아 있었다고 한다.

"그래서 대관령을 아흔아홉 굽이 길이라고 한다."

"정말요?"

오공이는 되물었다. 이율곡 선생이 곶감을 99개나 먹었다니! 보통 사람은 아닌 게 분명했다. 곶감의 힘이었을까? 이율곡 선생은 아홉 차례의 과거 시험에서 모두 장원 급제를 했다고 한다.

대관령 옛길을 다듬어 사람들이 편하게 다니게 한 이병화의 묘(뒤)와 유혜불망비(앞)

힘겹게 오르는 아흔아홉 굽이 길

꼬부랑 굽이 길이 무려 아흔아홉 개라니……. 대관령은 정말 험한 고개였다. 옛날에는 호랑이도 많았고 산적도 자주 나타났다. 그래서 대관령을 넘을 땐 일부러 사람들이 여럿 모여서 함께 넘었다고 한다.

위에서 고개를 내려갈 때 모이던 곳은 하제민원, 아래에서 위로 올라갈 때 모이던 곳은 상제민원이라고 불렸다. 하제민원은 지금의 반정 아래에 있었고, 상제민원은 대관령 박물관 옆에 있었다고 한다.

"지금도 혼자 다니면 안 돼. 멧돼지나 뱀이 나타날지도 몰라."

부르도크가 당부했다. 오공이는 등에 난 털이 쭈뼛해졌다. 굽이를 돌 때마다 뭔가가 나타날 것만 같았다.

"옛날에 이 길은 '원율이재'라고 했어. 원율이재란 원님이 두 번이나 울고 넘던 고개라는 뜻이지."

"네? 원님이 왜 울어요?"

오공이는 이해가 되지 않았다. 원님이라면 높은 분인데, 이까짓 고개를 넘으며 울었다니 말이다.

옛날에 대관령은 너무 험해서 관리들이 강릉으로 발령을 받으면 마치 죽으러 가는 것 같아서 이 고개 위에서 울었다고 한다. 그런데 나중에 다시 서울로 발령을 받아서 이 고개를 지날 때에도 울었다. 왜 울었을까? 그때는 강릉 사람들과 정이 많이 들어서 헤어지기 싫어서 울었단다.

아흔아홉 굽이를 다 돌았을까? 길은 계곡을 따라 이어지며 평평해졌다. 잠시 뒤 초가집이 나타났다.

"옛날 주막이야. 나그네들이 음식도 먹고 휴식을 취하던 곳."

요즘으로 치면 고속 도로 휴게소와 비슷한 곳이다.

그런데, 마당가에 이상한 그림 한 장이 있었다. 산을 그린 것인데, 한 줄기 길이 꼬불꼬불 바닷가로 이어져 있었다. 조선 후기의 천재 화가로 유명한 김홍도(1745~?)가 그린 대관령 그림이다.

오공이는 언젠가 김홍도에 대해서 들은 적이 있었다. 씨름이나 서당

등 서민의 생활상을 그린 풍속화를 소개하는 책에서였다. 풍속화의 대가로 알려진 김홍도가 대관령 그림을 남기다니! 오공이는 휴대 전화를 꺼내 얼른 김홍도의 그림을 찍었다.

사람이 다니는 길이 문화재라고?

주막에서 조금 내려가자 마을이 나왔다. 마을 끝에는 우주선처럼 생긴 건물이 한 채 서 있었다.

"화장실이야. 볼일 볼 사람 갔다 와."

부르도크의 말에 모두들 '와~' 하는 감탄사를 내뱉었다. 우주선처럼 생긴 화장실이라니 왠지 내부도 신기할 것 같았다. 아이들이 볼일을 마치고 나오자 부르도크는 말했다.

"지금까지 나온 미션의 정답을 말해 주겠다. 이번 미션은 최소 위인 네 명의 사진을 찍어야만 성공이다."

순간 오공이는 바짝 긴장이 됐다. 나름대로 인증 샷은 완수했지만 빠트렸을 수도 있기 때문이다.

"범일 국사, 김유신 장군, 신사임당 시

옛길의 화장실은 최신식!
볼일은 우주선 화장실에서 해결하자.

비와 김홍도 그림, 그리고 하나 더 추가하면 대관령 길을 닦은 이병화의 무덤!"

오공이는 자신이 촬영한 사진을 들여다보았다.

"김유신 장군이 어디에 있었죠?"

오공이는 궁금한 듯 물었다.

"국사 성황당 뒤 산신각 안에 있었잖아."

순간 오공이는 와우! 하고 외치며 주먹을 불끈 쥐었다. 이제 보니 작은 건물은 산신각이고, 안에 있는 장군 신은 김유신 장군(595~673)이었던 것이다. 삼국 통일의 주역인 김유신 장군은 대관령을 지키는 산신으로, 산신각 안에 모셔져 있었다.

대관령 옛길은 오랜 역사와 전통을 지닌 길이다. 그래서 한국 명승 제74호로 지정되었다. 길이 보전해야 할 문화재다. 또 이 길은 둘레길인 바우길의 한 구간이고, 문화 체육부에서 문화 생태 탐방로로 지정하기도 했다. 산과 숲, 그리고 야생화와 나무가 유난히 아름다운 자연의 보고이기 때문이다.

미션도 100퍼센트 완수하고, 여행도 하고. 오공이는 기분이 좋아서 웃음을 터뜨렸다.

"우하하하!"

"얘가 미쳤나?"

팔숙이는 영문도 모른 채 인상을 찌푸렸다.

여행 안내

- **가는 방법**: 동서울 터미널 – (직행버스) – 횡계 – (택시) – 대관령 정상
- **여행 코스**: 대관령 정상 – 국사 성황당 – 반정 – 주막 – 대관령 박물관
- **함께 알아보기**
  - 옛날 고개의 중요성 알아보기
  - 대관령을 통해 조상들의 생활 모습을 이해하기
  - 산에 피는 야생화 관찰하기(봄~가을)
- **함께 관람하기**
  - 대관령 박물관 관람(033-640-4462)
  - 강릉 단오제(음력 5월 5일)
  - 대관령 눈꽃 축제(매년 1월 중)
  - 대관령 양떼 목장(033-335-1966)

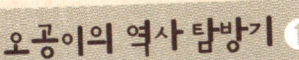
오공이의 역사 탐방기 ❶

위인의 발자취를 찾아 떠난 대관령

　아빠의 제안으로 얼떨결에 부르도크 탐험대에 합류하게 됐다. 첫 번째 여행지는 어딜까나~. 부푼 기대를 안고 떠난 곳은 에이~ 예전에 양떼 목장을 보러 갔었던 대관령이었다. 양떼 목장 말고 볼 게 뭐가 있나 싶었는데 이게 웬걸! 대관령은 길 곳곳에 위인들의 사연이 숨어 있는 곳이었다. 아흔 아홉 개의 굽이 길을 넘으며 옛날 사람들이 과거를 보러 대관령을 넘을 때처럼 벅찬 기분이 들었다. 위인의 발자취를 찾으라는 미션을 해결하며 궁금했던 점들을 집에 와서 아빠와 함께 찾아보았다.

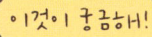

● 왜 풍력 발전기일까?

　대관령 정상에서 풍력 발전기를 보고 의아했는데, 대관령은 산간 지방의 특성상 초속 6~7미터의 바람이 꾸준히 부는 곳이라서 풍력 발전에 유리하다고 한다. 풍력 발전은 바람의 에너지를 전기 에너지로 바꾸는 방식이다. 대관령 정상에 있는 풍력 발전기를 하루 동안 돌리면 강원도에 있는 5천 가구에 전기를 공급할 수 있을 만큼 어마어마한 양의 전기가 만들어진다고 한다.

❍ 김유신 장군을 산신으로 모신 까닭은?

성황당 오른쪽 뒤 언덕에 있는 산신각은 대관령을 지켜 주는 '산신'을 모시는 중요한 장소였다. 대관령의 산신은 김유신 장군이었다. 그런데 왜 하필 김유신 장군일까? 그 이유는 김유신 장군의 용맹함 때문이다. 김유신 장군은 실제로 나라를 다스린 적이 없음에도 불구하고 '흥무대왕'이라는 칭호로 불린다고 한다. 실제 왕도 아니었는데 대왕 칭호를 받다니 정말 대단하다. 김유신 장군은 수차례의 전투에서 단 한 번도 패하지 않고 김춘추와 함께 삼국 통일을 이끈 일등 공신이니, 대관령을 지키는 산신으로 '딱'이라는 생각이 들었다.

❍ 김홍도는 누구?

대관령을 넘나드는 사람들의 주린 배를 채워 주기 위한 의미로 세운 주막. 그곳에서 조선 후기의 화가 김홍도가 그린 대관령 그림을 볼 수 있었다. 와우~ 김홍도는 신윤복과 함께 조선 시대를 대표하는 천재 화가로 불리는 작가인데! 김홍도는 산수화와 풍속화 분야에서 뛰어난 작품들을 남겼다. 대표적인 풍속화로는 훈장님께 혼나는 아이들을 그린 〈서당〉 등이 있다.

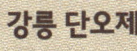

강릉 단오제

강릉 지역을 대표하는 행사로는 부족 국가였던 동예 때부터 내려오는 강릉 단오제가 있다. 매년 음력 5월 5일 단오를 기념해서 열리는 민간 축제로, 소원성취와 무병장수를 기원하는 행사이다. 고려 시대부터 문헌에 기록되기 시작한 강릉 단오제는 가면극놀이, 그네뛰기, 씨름, 농악경연대회, 창포머리 감기, 수리취떡 먹기 등 다양한 형사로 이루어져 있다. 강릉 단오제는 뛰어난 예술성을 인정받아 2005년 유네스코 인류구전 및 무형유산 걸작으로 선정되었다.

2
강화도
나라의 소중함을 배우자

강화도는 우리 민족의 아픔을 고스란히 간직한 섬이다. 우리나라 중심부를 흐르는 한강 하구에 위치해 우리 민족이 어려움에 처할 때마다 강화도는 전쟁터가 되었다. 고조선 시대부터 조선 시대까지 강화도에서는 도대체 어떤 일이 일어났던 걸까? 강화도를 찾아가 우리 역사도 배우고, 나라의 소중함도 되새겨 보자.

5-1 사회 1. 하나된 겨레 ② 최초의 국가 고조선
5-1 사회 2. 다양한 문화를 꽃피운 고려 ④ 고려의 대외 관계와 무역
5-2 사회 1. 조선 사회의 새로운 움직임

"강화도는 역사의 섬이다. 단군 할아버지 때부터 하늘에 제사를 지내던 참성단이 있고, 우리나라에서 가장 큰 고인돌과 전등사, 그리고 곳곳에 나라를 지키던 유적지가 남아 있지. 오늘 여행의 목표는 나라의 소중함을 배우는 거다. 알겠나?"

부르도크의 말이 끝나자 아이들은 일제히 "네!" 하고 대답했다.

오공이는 얼마 전에 강화도로 가족 여행을 간 적이 있었다. 고인돌도 보고, 전등사에도 갔었다. 또 바닷가에 있는 횟집에서 맛있게 식사를 했던 기억도 났다.

그런데, 부르도크는 읍내부터 구경하자며 주택가 사이 길로 들어섰다. 이곳은 한 번도 가 본 적이 없는 곳이다. 강화도에 오면 누구나 바닷가나 유적지부터 찾는데, 대체 어디로 가는 걸까.

"여긴 조선 시대 25대 왕인 철종이 어린 시절을 보낸 용흥궁이라는 곳이야."

부르도크는 작은 기와집 문 앞에 서서 말했다.

"궁이 뭐 이래?"

팔숙이는 문 안으로 들어서며 실망스러운 표정을 지었다. 왕이 살던

철종이 청소년기를 보낸 용흥궁

곳 치고는 집이 너무 작았다.

철종은 영조 대왕의 고손자다. 당시 왕가에는 후손이 아주 귀해 24대 왕인 헌종이 아들을 낳지 못하고 죽자, 강화도로 유배당해 가난한 농부로 살고 있던 왕의 후손인 철종이 왕위에 오른 것이었다.

"철종이 어릴 때 살던 집은 이보다도 못했어. 완전 초가집이었지. 나중에 왕이 된 뒤에 초가집을 부수고 이렇게 기와집으로 바꾼 거래."

전혀 몰랐던 사실이다. 강화도 하면 서울과 가까워서 많은 사람들이 여행을 많이 가는 곳이지만 이런 데가 있는 줄은 모르는 사람들이 더 많다.

오공이는 그래도 기대가 됐다. 전혀 가 본 적이 없던 대관령에서도 미션을 100퍼센트 완수했는데, 강화도는 몇 번이나 와본 곳이니까 유리할 거라는 생각이 들었다.

조선 시대 의궤를 보관하던 곳은 어디일까?

용흥궁 다음에 들른 곳은 고려 궁지다. 1232년 몽골이 고려에 침입하자 수도를 강화도로 옮기고 궁궐을 지었는데, 그 궁궐이 있던 자리다. 현재 사적 133호로 지정되어 보호되고 있다.

궁궐이 있던 자리라서 그런지 터가 굉장히 넓었다. 입구로 들어서니 오른쪽에 건물 두 채가 있고, 멀리 왼쪽에도 작은 기와집 한 채가 있었다.

"옛날에 의궤를 보관하던 곳을 찾아라. 이게 미션이다!"

부르도크의 말에 아이들은 우르르 흩어졌다.

오공이도 무작정 달려갔다. 하지만 의궤가 무엇을 뜻하는지 알 수 없었다.

"나만 따라 와!"

언제 왔는지 팔숙이가 옆에 서 있었다.

"그런데 의궤가 뭐니?"

오공이는 궁금해 물었다.

"음, 글쎄……. '의'가 옷을 뜻하니까 옷장을 말하는 게 아닐까?"

팔숙이는 대청마루가 길게 나 있는 기와집을 두리번거리며 말했다. 의궤가 옷장이라면 방 안에 있을 것이다. 기와집 내부에는 커다란 인형들이 놓여 있었다. 사또가 한가운데 의자에 앉아 있고, 좌우에는 갓을 쓴 관리들이 서 있었다.

"꼭 《춘향전》의 한 장면 같다."

팔숙이는 사또를 쳐다보며 말했다.

"헉!"

순간 오공이는 짧게 소리를 질렀다. 사또의 오른쪽 뒤에 있는 옷장과 비슷하게 생긴 나무 상자가 의궤처럼 보였기 때문이다. 내부에 들어가지 말라고 출입금지 팻말이 붙어 있었지만 미션을 완수하려면 어쩔 수 없었다.

오공이는 살금살금 들어가서 나무 상자에 달린 손잡이를 잡았다. 그때였다.

"동작 그만!"

부르도크였다. 오공이는 깜짝 놀라서 손에 힘을 주었다. 그 바람에 손잡이가 쑥 빠져 버리고 말았다.

"어? 오공이 너, 지금 손에 든 거 뭐야?"

"의궤요."

"그게 손잡이지 의궤니? 지금 전시물을 파괴했잖아? 안 되겠다. 당장 저기까지 뛰어 갔다 와!"

부르도크는 저 멀리에 있는 작은 기와집을 가리켰다.

오공이는 발바닥에 땀이 나도록 뛰었다. 그런데, 이게 웬일? 기와집에 도착해 보니 그 건물이 바로 조선 시대 의궤를 보관하던

외규장각이었다. 안내판을 읽어 보니 의궤는 조선 시대 왕실이나 국가의 행사를 처음부터 끝까지 자세하게 기록한 책이라고 한다. 원래는 서울 규장각(조선 시대 왕실 도서관이자. 학술과 정책을 연구 하는 기관)에 보관했는데, 정조 때 강화도에 외규장각을 지어 이곳에 의궤를 나눠 보관한 것이다.

결정적인 것은 그 다음 설명이다. 1866년, 프랑스군이 강화도에 쳐들어왔다. 이것을 병인양요라고 하는데, 이때 프랑스군은 외규장각을 불태우고 수많은 책을 훔쳐갔다. 최근 프랑스는 당시에 훔쳐갔던 책들 중 일부를 우리나라에 반환했는데 그중에 의궤가 있었다.

오공이는 휴대 전화를 꺼내 인증 샷을 찍었다. 벌을 받다가 미션을 해결하다니! 이런 게 전화위복이라는 생각이 들었다.

"어라? 저 녀석 벌 받으면서 웃어?"

부르도크는 오공이가 웃으며 오는 것을 보고 이를 갈았다.

외규장각은 1782년(정조6) 강화도에 설치한 규장각 부속 도서관이다.

대포에 맞은 흔적

고려 궁지를 나와 갑곶 돈대로 향했다. 갑곶 돈대는 강화도에 오면 반드시 들러야 할 곳으로, 조선 숙종 때 나라를 지키기 위해 지은 요새라고 한다. 강화 대교를 건너자마자 왼쪽에 보이는 옛 전적지(전쟁의 흔적이 남아 있는 곳)다.

"지금부터 해안가를 죽 훑을 거다. 곳곳에 국방 유적지가 있지. 이번 미션은 이곳에서 대포에 맞은 흔적을 찾는 거야. 알겠나?"

"네!"

아이들이 우렁차게 대답했다. 오공이와 팔숙이는 갑곶 돈대를 대충 둘러보고, 신미양요(1871) 때 가장 치열한 전투를 벌였던 광성보로 향했다.

"혹시 여기 있지 않을까?"

팔숙이는 출입문 위에 있는 기와를 올려다보며 말했다. 하지만 기와는 멀쩡하기만 하다. 강화도에는 해안가를 따라 보와 돈대, 진 등이 설치되어 있는데, 국방 유적지로 개발된 것은 1970년대부터라고 한다.

광성보 안팎을 뒤져 보았지만 대포에 맞은 흔적은 보이지 않았다. 대포가 건물에 맞았으면 벽이 부서진 흔적이 있고, 나무에 맞았으면 대포알이 박혔던 흔적이 있을 텐데, 전혀 없었다.

"모두 고개 숙여라."

부르도크의 말에 오공이와 팔숙이는 고개를 숙였다. 다른 아이들도 모두 고개를 숙이자 부르도크는 말했다.

더 알아보기

돈대와 보, 진의 차이는?

돈대는 적을 감시하는 작은 진지입니다. 대포 등을 갖추고 있어요. 보는 방어를 위해 쌓은 작은 성을 말해요. 보통 하나의 보에 여러 개의 돈대가 소속됩니다. 이에 비해 진은 군사에서 사용되는 행정 구역이에요. 예를 들면 서울, 경기도와 같은 개념이죠. 하지만 강화도 유적지에서는 특정한 장소를 의미하고 있어요.

초지진의 대포

"여기는 신미양요 때 우리나라를 지키다 숨진 어재연 장군(1823~1871)과 여러 이름 없는 용사들이 묻힌 신미순의총이다. 순국선열을 기리며 묵념!"

광성보를 나와 이번에는 초지진으로 향했다.

"초지진은 신미양요 때 미군과 조선군이 처음으로 전투를 벌인 곳이야."

부르도크는 아울러 과거에 프랑스군과 미군이 왜 우리나라를 침략했는지 설명했다.

조선 시대 말, 우리나라는 외국인의 출입을 막았다. 특히 고종 임금의 아버지인 흥선 대원군은 외국인은 무조건 오랑캐라 여겨서 철저하게 봉쇄했다. 이것을 '쇄국 정책'이라고 한다. 당시 천주교가 전파되는 것도 막으려고 했는데, 이 과정에서 수많은 천주교인들이 희생당했다.

가톨릭 국가인 프랑스와 미국은 이러한 조선 왕실의 태도가 탐탁지 않았다. 그래서 군대를 보내 조선에 문을 열 것을 강요했다. 결국 1866년에는 프랑스가, 그리고 1871년에는 미국 군대가 강화도에 쳐들어 왔다. 그것을 각각 병인양요, 신미양요라고 부른다. 여기에서 양요란 '서양이 소란을 일으켰다.'는 뜻이다.

"어, 뭐야? 오공이 졸고 있니?"

부르도크의 설명이 길어지자 잠깐 눈을 감았는데, 딱 걸리고 말았다.

"아, 아니에요. 듣고 있어요."

"허허, 군기가 빠졌군! 저기 보이는 담벼락에 1분간 붙어 있는다, 실시!"

부르도크는 초지진 돌담을 가리켰다.

오공이는 돌담 틈새에 발을 끼우고 두 손으로 겨우 돌담을 붙잡고 있어야 했다. 하지만 10초쯤 지나자 떨어지고 말았다. 그런데, 눈앞에 뭔가 하얀 것이 휙 하고 지나가는 것이 아닌가.

'아이고, 헛것이 다 보이네.'

오공이는 엉덩이를 털며 일어섰다. 돌담에 하얀 페인트로 둥그런 표시가 돼 있었다. 자세히 보니 움푹 파인 부분을 표시한 것이었다.

"으하하! 찾았다!"

그 표시는 신미양요 때 미국군이 쏜 대포

에 맞은 자리가 분명했다. 벌 받으면서 미션을 해결한 게 벌써 두 번째. 웃음이 나지 않을 수 없었다.

"또 웃어? 저 녀석을 그냥!"

부르도크는 또 화를 냈다.

목수를 배신한 여자를 찾아라!

초지진을 나와 전등사로 향했다. 전등사로 오르는 길 양옆에는 각종 상점들이 빼곡했다.

"이런 곳을 사하촌이라고 한다."

사하촌은 절 아래 있는 마을이라고 부르도크는 설명했다. 사하촌을 지나자 조그만 굴다리 밑으로 들어섰다. 단군의 세 아들이 쌓았다는 삼랑성 출입구가 보였다. 우측에는 조그만 기와 건물이 있는데, 안에는 비석이 하나 세워져 있었다. 병인양요 때 프랑스군을 격파한 양헌수 장군(1816~1888)의 승전비였다.

"그럼, 우리가 이긴 거네!"

팔숙이는 위대한 발견이라도 한 듯 주먹을 불끈 쥐었다.

"이제부터는 전등사 내부다. 이번 미션은 '목수를 배신한 여자를 찾아라.'이다. 목수와 사랑하다가 목수의 돈을 훔쳐 달아난 여자가 이곳 어딘가에서 벌을 서고 있지."

부르도크의 말에 오공이와 팔숙이는 서로를 쳐다보았다.

"뭐 이런 미션이 다 있어?"

오공이 말에 팔숙이는 "왜 하필 여자가 배신을 했지?" 하고 중얼거렸다.

전등사는 고구려 때인 372년에 지어진 우리나라에서 가장 오래된 절이다. 이곳에는 역사적・예술적으로 가치가 높아서 유형 문화재로 지정된 보물이 세 점이나 있다. 대웅전이 보물 178호, 약사전은 179호, 그리고 범종은 393호이다. 이중 범종은 원래 중국에서 만든 종이다. 일제 강점기 때 일본군이 무기를 만들기 위해 가져온 것인데, 해방이 된 뒤 전등사에서 보관하게 되었다고 한다.

목수를 배반해 대웅전 처마에서 벌을 받고 있는 여인상

"그나저나 목수를 배반한 여자를 어디에서 찾지?"

오공이는 절에 구경을 온 사람들을 물끄러미 바라보았다. 어디다 물어볼 수도 없어서 답답했다.

"에이~! 나는 부처님한테나 물어봐야겠다."

팔숙이는 대웅전 안으로 들어갔다.

오공이는 도무지 미션을 해결할 기미가 보이지 않자 팔숙이라도 찍어두기로 했다.

"팔숙아, 여기 좀 봐 봐."

"왜?"

되돌아보는 팔숙이 얼굴을 오공이는 재빨리 찍었다.

단군 할아버지가 하늘에 제사를 지내던 참성단

"너라도 찍어 두려고. 혹시 알아? 나중에 누군가를 배신할지."

"뭐라고? 이게 정말!"

팔숙이는 오공이를 힘껏 밀었다. 그 바람에 오공이는 '꽈당!' 하는 소리와 함께 뒤로 넘어지고 말았다.

"어머, 미안!"

팔숙이의 외침에 눈을 떠 보니 대웅전 처마 밑에 웬 여자가 있는 게 아닌가. 그것도 벌거벗은 채로. 오공이는 눈을 크게 떴다.

"우와, 이게 뭐람?"

오공이는 놓치지 않고 '찰칵' 사진을 찍었다. 분명히 그것은 벌을 서는 모습이었다. 무거운 지붕을 낑낑 대며 받치고 있으니 말이다.

단군 할아버지는 언제 우리나라를 세웠을까?

마지막으로 향한 곳은 참성단이다. 참성단은 단군 할아버지가 하늘에 제사를 지내던 역사적인 곳이다. 강화도에 그렇게 오래된 역사 유적지가 남아 있다는 게 신기했다. 지금은 강화도가 육지와 연결되어 있지만, 옛날에는 육지에서 동떨어진 섬이었기 때문이다.

참성단으로 오르는 계단은 모두 1004개. 하나하나 밟고 오르다 보면 힘들어서 눈앞에 천사가 보일 정도다.

"이번 미션은 보너스다. 단군 할아버지는 우리나라를 언제 세웠을까?"

"오잉?"

부르도크의 말에 아이들이 웅성거리기 시작했다. 우리나라가 10월 3일 개천절에 세워졌다는 것은 초등학생들도 다 아는 상식이다. 그때였다.

"땡! 10월 3일은 아니야. 지금으로부터 몇 년 전에 세웠는지를 맞춰 보라고."

부르도크가 쉬운 미션을 낼 리가 없었다. 아이들의 표정에는 실망한 기색이 역력했다.

"나는 정답 알지롱!"

팔숙이는 재빨리 휴대 전화를 꺼내 메모를 했다. 오공이는 궁금해졌다.

우리 민족을 5천 년 문화 민족이라고 하니까 당연히 5천 년 전이지~

48

"몇 년 전이니?"

"너 바보니? 우리 민족을 5천 년 문화 민족이라고 하잖아! 그러니까 5천 년 전이지!"

오공이는 긴가민가한 표정을 지었다. 이상한 것은 3학년 때에도 5천 년 문화 민족이라고 했고, 5학년이 된 지금도 5천 년 문화 민족이라고 한다는 것이다. 2년이 더 흘렀으면 5002년 아닌가!

"너희들 단기가 뭔지 알아?"

그때 부르도크가 물었다.

"아니요."

"단기는 단군기원의 준말이야. 지금 우리가 사용하는 연도는 서양에서 쓰는 것으로, 서기라고 해. 서기는 예수님이 탄생한 연도부터 따지지. 이에 비해 단기는 단군 할아버지가 우리나라를 세운 연도부터 따지는 것을 말해."

순간 오공이는 눈이 커다랗게 떠졌다.

"그게 언제죠?"

"흥! 아예 정답을 가르쳐 달라고 해라. 염치도 없니?"

역시 부르도크는 호락호락한 사람이 아니었다. 그러나 힌트는 주었다.

"예수님이 탄생하신 해보다 2333년 앞서지."

오공이는 땅바닥을 종이 삼아 계산을 했다.

2333 + 2015 = 4348

정답은 5천 년이 아니라 지금으로부터 4348년 전이다. 그래도 5천 년 문화 민족이라고 해야 할 것 같았다. 왜냐하면 4천 년 문화 민족은 이미 지난 이야기이고, 너무 복잡하니까. 그렇다고 해서 4348년 문화 민족이라고 하면 좀 이상하지 않은가.

드디어 참성단이다. 참성단에서 주변을 바라보면 강화도는 물론 인근 바다가 한눈에 다 들어온다. 이렇게 멋진 곳에서 단군 할아버지가 하늘에 제사를 지냈다니……. 오공이는 가슴이 벅차오르는 것을 느꼈다.

"오늘 미션 1등은 오공이다. 의외로 덧셈을 잘하는군!"

부르도크의 말에 오공이는 환하게 웃었다. 팔숙이는 실망스러운 표정을 지었다.

여행 안내

- **가는 방법** : 신촌 – (직행버스) – 강화읍
- **여행 코스** : 강화읍 – 용흥궁 – 고려 궁지 – 갑곶 돈대 – 광성보 – 초지진 – 전등사 – 참성단
- **함께 알아보기**
  - 강화도 특산물 조사하기
  - 개펄에 무엇이 있나 관찰하기
  - 삼랑성 숲길에서 야생화 관찰하기
  - 강화 고인돌 조사하기
- **함께 관람하기**
  - 강화 역사 박물관 032-934-7887
  - 옥토끼 우주 센터 032-937-6917
  - 강화 갯벌 센터 032-937-5057

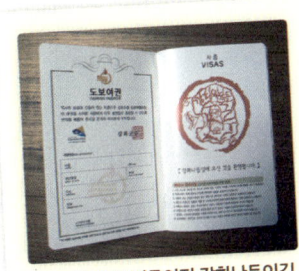

총 14코스로 이루어진 강화나들이길 초입에서 받을 수 있는 강화도 도보 여권. 자세한 문의는 강화관광개발사업소(032-930-4331)

오공이의 역사 탐방기 ❷
나라의 소중함을 배울 수 있는 강화도

에게게, 두 번째 여행지는 강화도였다. 누구나 한두 번쯤 가본 곳이라서 급실망! 이왕이면 새로운 곳에 가고 싶었는데……. 입이 쑥 나온 채로 여행을 시작했다. 옛날 임금님이 어릴 때 살았다던 용흥궁에도 들어가 보고, 조선 시대 의궤를 보관했던 외규장각도 찾아보았다. 초지진 당벼락에서는 대포에 맞은 흔적을 찾았고, 재미있는 전설이 깃든 전등사 여인상도 발견했다. 오늘 여행의 핵심은 단군 할아버지가 우리나라를 세운 연도를 알아낸 것! 뻔한 여행지라 여겼던 강화도가 역사의 섬이라는 사실을 새삼 느꼈다.

✪ 철종 임금이 어린 시절을 강화도에서 보낸 까닭은?

임금이 살았던 곳 치고는 너무 작고 허름했던 용흥궁. 그곳은 조선 시대 25대 왕인 철종이 어린 시절을 보낸 곳이었다. 철종은 할아버지인 은언군(정조의 동생)이 강화도에 유배되는 바람에 강화도로 거처를 옮겨 지내게 되었다. 철종은 11세부터 19세까지를 용흥궁에서 지내다가, 1849년 헌종이 아들을 얻지 못하고 죽자 왕으로 추대되었다. 왕세자가 아니었는데 나중에 임금으로 추대된 사람이 예전에 살던 곳을 '잠저'라고 부른다고 한다. 용흥궁은 현재 인천광역시 유형 문화재 20호로 지정되어 있다.

◎ 고려 시대에 강화도로 수도를 옮긴 이유는?

강화도는 육지에서 빤히 건너다보이는 섬이다. 그런데도 고려 때 몽골군이 침입해 오자 수도를 이곳으로 옮겼다. 왜 그랬을까? 그 비밀은 '물살'에 있었다. 육지에서 가까운 섬이지만 물살이 거세서 몽골군의 선박 기술로는 건널 수 없었기 때문이다. 고려는 1232년에 강화도로 수도를 옮기고 그곳에서 39년을 버텼다. 이때 부처님의 힘으로 나라의 위기를 극복하려고 만든 것이 팔만대장경이다. 팔만대장경은 합천 해인사에 있다는데 한번 보고 싶다.

◎ 어재연 장군은 누구일까?

어재연 장군은 1871년 미국이 우리나라를 쳐들어온 신미양요 때 용맹하게 맞서 싸운 장군이다. 600명의 군사와 광성보를 사수하고 있던 어재연 장군은 미국의 거센 공격을 막아 내며 끝까지 물러서지 않다가 전사했다. 《매천야록》이라는 책에는 '칼을 들고 싸우다가 칼이 부러지자 납으로 된 탄환을 적에게 던지며 싸웠으며, 적의 창에 난자되고 머리를 베어갔다.'라는 무시무시한 구절이 있어서 당시의 참혹한 상황을 짐작할 수 있다.

고인돌 공원

아깝다! 이번 여행에서는 강화도 하면 딱 떠오르는 고인돌을 놓쳤기 때문이다. 우리나라에서 가장 큰 고인돌이라는데, 쩝! 고인돌은 세계 문화유산으로 지정되었는데, 바로 근처에는 강화 역사박물관도 있어서 꼭 가봐야 할 곳이다. 한 곳에서 선사 시대 유적인 고인돌부터 조선 시대 후기에 제국주의에 맞서 싸우던 선조들의 다양한 유물을 모두 관람할 수 있으니 이런 것을 일석이조라고 하나?

3 경남 통영
통영의 예술을 탐험하라

경상남도에 위치한 통영은 아름다운 항구 도시다. 그래서 한국의 나폴리라 부르기도 한다. 임진왜란 당시에는 조선 수군의 본부 통제영이 있던 곳으로, 통영이라는 명칭도 통제영에서 따왔다. 특히 이순신 장군이 통영 앞바다와 한산도에서 맹활약했다. 통영은 또한 예술가들이 많이 태어난 예술의 도시이다. 예술과 역사, 그리고 아름다운 항구를 만나러 통영으로 떠나 보자.

5-1 사회 3. 유교 전통이 자리 잡은 조선 ④ 조선 시대 사람들의 생활
⑤ 임진왜란과 병자호란

"온통 낙서잖아!"

오공이는 동네를 올려다보며 말했다. 담이면 담, 벽이면 벽이 온통 알록달록 낙서투성이다. 심지어 대문과 유리창까지도.

"이번엔 예술 탐험하자."

부르도크는 낙서가 가득한 골목으로 들어서며 말했다.

오늘 탐험할 곳은 경상남도 통영이다. 통영은 바닷가에 있는 항구 도시로 경치가 아름답다. 그래서 흔히 '동양의 나폴리'라고 불리기도 한다. 이탈리아에 위치한 나폴리는 경치가 아름답기로 유명한 항구 도시다.

"나폴리가 서양의 통영 아니야?"

팔숙이는 애국자라도 된 것처럼 말했다. 강화도를 탐험하고 나니 우리나라가 얼마나 소중한지 느낀 모양이다.

"통영 하면 뭐가 유명하지?"

오공이는 궁금했다.

"굴이 유명해. 나, 굴 무지 좋아하거든."

팔숙이 말에 부르도크는 '끙' 하면서 이마를 짚었다.

"하긴, 맛있는 음식도 예술은 예술이지. 하지만 통영에는 예술가가 아

남해안의 아름다움을 한껏 느낄 수 있는 통영항의 모습

주 많아. 오늘 미션은 통영이 낳은 예술가를 최대한 많이 찾는 것이다."

부르도크는 통영에서 태어난 예술가들에 대해 설명했다.

박경리(1926~2008)는 《토지》를 쓴 유명한 소설가이고, 유치환(1908~1967)과 김춘수(1922~2004)는 시인이다. 음악가 윤이상(1917~1995), 화가 김용주(1910~1959), 시조 시인 김상옥(1920~2004) 등등 통영 시내 곳곳에는 예술가들의 생가나 살던 곳이 남아 있다. 바로 그곳들을 찾고 다른 예술적인 명소를 알아보는 것이 이번 미션이다.

천사의 날개가 숨어 있는 동피랑

"이 마을에는 천사가 살고 있어. 천사를 찾아라."

부르도크의 말에 오공이는 웃음이 나왔다.

"천사가 진짜 있어?"

"호호호. 너한텐 내가 천사나 다름없지."

팔숙이다.

"왜냐하면 내가 너를 지켜주잖아."

"웃기고 있네!"

오공이는 심드렁해졌다. 지켜주기는커녕 맨날 방해만 하는 것 같다.

마을 입구를 지나 조금 더 가니 사람들이 웅성거리고 있었다. 담벼락에 한 사람씩 서서 사진을 찍는 중이었다.

"뭐야? 저게 천사야?"

담벼락에는 커다란 날개가 그려져 있었다. 사람이 그 사이에 들어가니 영락없이 날개를 편 천사처럼 보였다.

"나도 사진 한 장 찍어 줘!"

어느 틈엔가 팔숙이가 담벼락에 붙어 있었다.

"으~."

오공이는 어쩔 수 없이 휴대 전화를 꺼내 인증 샷을 찍어야 했다.

"그런데 누가 여기에 이런 그림을 그린 거예요?"

오공이는 팔숙이를 천사로 찍어서 떨떠름한 표정으로 부르도크에게 물었다.

이 마을은 가난한 사람들이 모여 사는 달동네로, 원래 재개발될 예정이었다. 특히 마을 꼭대기에 대포를 쏘던 '동포루'라는 곳이 있었는데, 그곳을 재정비할 계획이었다고 한다. 졸지에 마을 사람들은 쫓겨날 위기에 처했다.

"그때 시민 단체에서 나섰어. 마을을 보존하려고. 그 뒤에 전국에서 온 미술학도들이 모여서 이렇게 멋진 벽화를 그렸지."

부르도크의 말에 팔숙이는 '짝짝짝' 하고 박수를 쳤다.

"그럼 나도 예술 작품이 된 거네!"

"하지만 이건 실패작 같은데?"

오공이가 팔숙이를 찍은 사진을 들여다보며 중얼거렸다.

"이게 진짜!"

팔숙이는 오공이의 손에서 휴대 전화를 낚아챘다. 좀전에 찍은 사진을 보니, 팔숙이의 날개는 반쯤 잘려져 있었다.

"너, 사진 진짜 못 찍는구나! 날개는 왜 잘랐니?"

팔숙이는 씩씩거리며 말했다.

"아무튼 미션은 성공이지. 날개 꺾인 천사도 천사는 천사니까."

오공이는 팔숙이를 약 올리며 웃었다.

통영의 명물로 떠오른 이 마을은 동피랑이라고 한다. 동피랑에서 피랑은 통영 말로 벼랑을 뜻한다. 동쪽 벼랑에 위치한 마을이라 이런 이름이 붙었다고 한다. 동피랑 마을은 마을 전체가 하나의 예술품 같았다. 아름다워진 경관 덕분에 마을 사람들은 삶의 터전을 잃지 않을 수 있었다.

마을을 지키는 벅수

동피랑에서 내려와 시장으로 향했다.

"너희들 눈 똑바로 뜨고 다녀라. 여기엔 곳곳에 예술가들의 흔적이 널려 있거든. 어영부영 걷다간 지나치기 쉬우니까 정신 차려!"

부르도크의 말에 아이들은 "네!" 하고 외쳤다.

오공이는 눈을 크게 뜨고 좌우를 살펴보았다. 그런데, 아뿔싸! 위만 보고 걷다 돌부리에 걸려 넘어지고 말았다.

"호호호! 너 진짜 내 말 안 듣는다. 내 뒤만 따라오면 되는데."

팔숙이는 뒤돌아보며 오공이를 놀렸다.

순간 오공이는 '헉' 하고 놀랐다. 바로 눈앞에 '유치환 생가'라고 적힌 표석이 있었다. 넘어지고 엎어지고 벌을 받고. 미션은 쉽게 얻어지는 게 아니라는 생각이 드는 순간이었다.

"지금부터 가는 길에 마을을 지키는 벅수가 있어. 바로 이 벅수를 찾는 게 미션이다."

벅수? 대체 벅수가 뭘까? 오공이는 계속 이곳저곳을 살펴보며 걸었다. 어디에서 무엇이 갑자기 나타날지 모르기 때문이다. 그때였다.

"으악! 도, 도깨비다!"

앞서 가던 팔숙이가 비명을 지르며 주저앉았다. 팔숙이 앞에는 돌로 만든 도깨비가 긴 송곳니를 드러내며 히죽거리고 있었다.

설명판을 보던 오공이는 얼른 사진을 찍었다. 그것이 바로 벅수였다. 벅수는 돌로 만든 장승을 뜻하는 이 지역 사투리

길에 표시돼 있는 유치환 생가 터. 유치환은 <깃발>, <행복>이라는 작품으로 잘 알려진 시인이다.

61

다. 이 벅수는 1906년에 마을 사람들이 세운 것으로, 중요 민속자료 7호로 지정되었다.

문화동 벅수. 날카로운 송곳니가 무서우면서도 귀엽다.

"왠지 초라해!"

벅수는 길가에 서 있는데, 특별한 보호막도 없었다. 그동안 마을을 지키느라 수고했으니 이제는 사람들이 벅수를 지켜줘야 하지 않을까? 오공이는 벅수의 송곳니가 무섭다기보다 귀여웠다.

'부르도크보다 착하게 생겼어.'

오공이는 속으로 중얼거렸다.

"너 방금 뭐라고 했니?"

부르도크가 어느 틈엔가 옆에 와 있었다.

벅수가 서 있는 곳에서 산 쪽으로 조금 올라가면 세병관이 나온다. 세병관은 통영에서는 유일하게 국보(305호)로 지정된 옛 건물이다.

"우와? 무슨 기와집이 이렇게 커!"

세병관을 본 오공이는 놀라서 입이 다물어지지 않았다.

세병관은 임진왜란에서 승리한 이순신 장군(1545~1598)을 기념하기 위해 1603년에 지은 건물이다. 이 건물이 있던 곳에는 원래 삼도수군통제영이 있었다. 요즘으로 치면 해군 사령부라고 할 수 있다. 통영이라는 도시 이름도 통제영에서 유래한 것이다.

"세병관은 우리나라 3대 목조 건물 중 하나야. 우리나라에서 가장 규모가 큰 건물 중 하나로 국보급 문화재지. 3대 목조 건물 중에서 서울에 있는 경회루(국보 224)가 제일 크고, 여수에 있는 진남관(국보 304호)과 여기 세병관은 크기가 비슷하지."

부르도크는 세병관은 한때 군사 훈련장으로 쓰였고, 일제 강점기 때에

삼도수군통제영으로 사용되었던 세병관. 현재는 국보 304호로 지정되어 있다.

는 초등학교로 사용했다고 했다. 왠지 이런 데에서 공부하면 소풍을 온 것 같지 않을까? 오공이는 눈을 감고 이곳에서 공부하는 자신을 머릿속에 그려 보았다.

박경리 생가를 찾아라

세병관에서 충렬사로 가는 길 어귀에는 작은 고개가 있다. 그 고개를 넘기 전에 찾을 곳은 소설가 박경리의 생가였다.

"골목을 구석구석 잘 뒤지도록!"

부르도크의 말이 끝나자마자 아이들은 골목 안으로 들어섰다. 좁은 골목길이 죽 이어지고 낡은 집들이 붙어 있었다.

박경리는 《토지》라는 작품을 쓴 우리나라의 대표적인 소설가이다. 《토지》는 100여 년 전, 우리 할아버지 할머니들이 어떻게 살았는지를 잘 보여주는 작품이다. 분량이 무척 긴 소설이지만, 어린이 버전과 만화 버전도 있으니까 책을 좋아하는 어린이라면 한번쯤 읽어볼 만하다.

유명한 작가의 생가니까 찾기 쉽겠지 하고 있었는데, 생각만큼 쉽지 않았다. 어디를 둘러봐도 눈에 띄는 표시가 보이지 않았다.

"이 골목에 있는 거 맞아?"

오공이는 벌써 두 번이나 골목을 왔다갔다 했지만 아무 단서도 발견하지 못했다.

그때였다.

"박경리 씨! 계십니까?"

팔숙이가 큰 소리로 외쳤다. 효과가 있었는지, 할머니 한 분이 문을 열고 나왔다.

"누구야? 시끄러워서 잠을 못 자겠네!"

박경리 생가에 붙어 있는
작은 안내판

"박경리라고 유명한 소설가의 집을 찾고 있어요."

팔숙이는 할머니의 짜증에도 아랑곳하지 않고 환하게 웃으며 말했다. 오공이도 왠지 기대가 됐다.

"여기엔 그런 사람 없는데, 사람들이 저 집을 자주 기웃거리더라고."

할머니는 빨간 벽돌집을 가리켰다.

"오잉? 이런 게 언제부터 있었지?"

자세히 보니 벽돌 한쪽에 손바닥만한 안내판이 붙어 있었다. 안내판에는 '박경리 생가'라고 적혀 있었다. 유명한 소설가가 태어난 집이지만 지금은 다른 사람이 살고 있다. 그래서 일부러 안내판을 크게 만들지 않았다고 한다.

'현재는 박경리 선생님과 연고가 없는 일반 시민이 살고 있으므로 내부는 공개하지 않습니다.'

안내판에 붙어 있는 내용이다.

오공이는 왠지 아쉬웠다. 유명한 소설가가 태어난 집인데 박물관이나 기념관으로 만들어야 하지 않을까? 어쨌든 오공이는 즐거웠다. 팔숙이 덕분에 박경리 선생의 생가를 찾아냈으니 말이다.

봄이 그린 동백꽃 그림 한 장

　신호등을 건너 충렬사로 들어섰다. 충렬사는 이순신 장군을 모신 사당으로, 1606년에 세워졌다. 충렬사 내 유물 전시관에는 명나라 황제가 이순신 장군에게 선물한 8가지 보물인 명조팔사품(보물 440호)이 전시되어 있다.

　"이곳에서 가장 멋있는 작품을 찾아봐라."

　부르도크의 말에 오공이는 가장 먼저 유물 전시관으로 들어섰다. 당연히 보물로 지정된 명조팔사품이 가장 멋있지 않을까?

　명조팔사품이란 도독인(도장), 영패(패), 귀도(칼), 참도(칼), 독전기(깃발), 홍소령기(깃발), 남소령기(가발), 곡나팔(악기)을 말한다. 종류는 여덟 가지이지만 개수로는 14개나 된다. 최근에는 이 물건들이 명나라 황제가 선물한 게 아니라는 설도 있다. 중국의 연구가들은 명나라의 진린이라는 장군이 이순신 장군을 존경해서 준 것이라고 주장하기도 한다.

　충렬사는 한창 새 단장 중이었다. 그런데 어디선가 오공이를 부르는 소리가 들렸다.

　"오공아, 이리 내려와 봐!"

　팔숙이의 목소리였다. 분명 밖에서 들려왔다. 오공이는 소리가 나는 곳으로 내려가 보았다.

　"여기야, 여기!"

　동백나무 근처가 분명했다. 분명 목소리는 들리는데 팔숙이의 모습은

충렬사를 지을 때 함께 심은 400년 된 동백나무. 동백꽃은 문학 작품에 자주 등장하는 꽃이다.

보이지 않았다.

"고개를 숙여 봐."

오공이는 고개를 숙였다.

"정말 예술이지 않니? 뭐해? 빨리 사진 찍어야지!"

간밤에 바람이 불었는지 빨간 동백꽃이 잔뜩 떨어져 있었다. 팔숙이는 그 위에 살포시 앉아 있었다. 마치 문학 작품 속 여주인공이라도 된 듯 했다. 팔숙이만 없다면 정말 멋진 광경일 텐데……. 오공이는 한숨이 절로 나왔다.

해저 터널의 비밀

충렬사에서 나와 산허리를 돌아 항구 쪽으로 내려갔다. 항구에 못 미쳐 둘러볼 곳은 윤이상 기념관이다. 윤이상은 서양 음악을 우리 음악에 접목시킨 세계적인 음악가이다. 〈7개의 악기를 위한 음악〉과 〈광주여 영원하라〉 등이 대표작이다.

"우와, 소설가에 유명한 음악가까지! 통영엔 정말 다양한 분야의 예술가들이 살았구나~."

팔숙이 말에 오공이도 고개를 끄덕였다.

"그런데 왜 유독 통영에 예술가가 많은 것일까?"

오공이는 궁금했다.

20세기의 위대한 음악가로 추앙받는 윤이상 음악가의 기념관

"아름다운 경치와 맛난 음식 때문 아닐까?"

팔숙이의 엉뚱한 대답이다. 하지만 꼭 틀린 말 같진 않았다. 멋진 경치를 보고 맛있는 음식을 먹는 것은 정말 중요한 일이니까.

옛날부터 통영 사람들은 자녀 교육에 지원을 아끼지 않았다고 한다. 통영은 해산물이 풍부한 곳이라서 해산물을 팔아 부자가 된 사람들이 많았다. 경제적으로 넉넉하면 자녀에게 예술 교육을 시키는 것도 어렵지 않았을 것이다.

"이번에는 해저 터널의 비밀을 풀러 가자."

부르도크의 말에 오공이는 눈이 똥그래졌다. 해저 터널이 있다니! 어떤 모습일지 상상이 가지 않았다.

하지만 막상 터널 안으로 들어가 보니 실망 그 자체였다.

"해저 터널인데 물고기는 왜 한 마리도 없어?"

팔숙이는 입맛을 다시며 말했다. 해저 터널이라니까 아쿠아리움을 떠올린 모양이다. 하지만 통영의 해저 터널은 그냥 바다 밑에 뚫은 굴일 뿐이다. 이 터널은 통영 앞바다에 있는 미륵도와 바다 밑으로 연결돼 있다.

터널 안으로 한 걸음 한 걸음 들어가니 으스스해졌다. 혹시 터널이 무너지면 어떡하지? 실제로 예전에 터널 안에 물이 샌 적도 있었다고 한다. 한동안 미륵도와 통영을 잇는 유일한 길이라서 터널 안으로 버스도 지나다녔다. 해저 터널은 1932년, 일본이 일본 어민들의 손쉬운 왕래를 위해 뚫은 것이다. 동양 최초의 해저 터널인데, 길이는 483미터나 된다.

"이 터널은 이순신 장군과 관련이 있다고 전해진다."

부르도크의 결정적인 힌트다.

'해저 터널이 왜 이순신 장군과 관련이 있지?'

오공이는 곰곰이 생각해 보았다. 혹시 일본인들이 이순신 장군을 무서워 했던 게 아닐까? 그래서 바다 위를 지나지 못하고 바다 밑에 굴을 파고 숨어 다닌 것이다!

아이들이 아무도 터널의 비밀을 풀지 못하자 부르도크가 설명을 해 주었다.

통영과 미륵도를 연결하는 해저 터널은 통영의 명물이다.

　해저 터널이 세워진 곳은 임진왜란 당시 이순신 장군에게 패한 왜군의 군선이 이곳의 얕은 모래 바닥에 걸려 수없이 죽었다 하여 '송장나루'라는 섬뜩한 별명으로 불렸다. 일본인들은 임진왜란 때 죽은 조상의 원혼이 담긴 바다 위를 식민지의 조선인들이 밟고 지나가지 못하도록 바다 아래에 터널을 뚫었다. 오공이는 부르도크의 설명을 들으며 한산 대첩을 지휘하는 이순신 장군의 용맹한 모습을 떠올렸다. 순간 가슴이 뭉클해지는 것이 느껴졌다.

여행 안내

- **가는 방법 :** 서울 – (고속버스) – 통영
- **여행 코스 :** 동피랑 벽화 마을 – 세병관 – 충렬사 – 윤이상 기념 공원 – 해저 터널
- **함께 알아보기**
  - 이순신 장군 전적지 둘러보기
  - 통영의 예술가들 조사하기
  - 미륵도 케이블카 타 보기
- **함께 관람하기**
  - 윤이상 기념 공원(1577-0557)
  - 통영시 향토 역사관(055-650-4593)

통영의 멍게 비빔밥

73

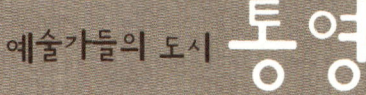

오공이의 역사 탐방기 ③
예술가들의 도시 통영

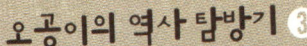

　와! 아름답다! 통영은 처음이었는데 정말 아름다운 항구였다. 그러나 부르도크는 경치 구경보다 더 중요한 게 있다며 우리를 이상한 곳으로 안내했다. 온통 벽화로 가득한 동네도 가고 동백꽃이 무수히 떨어져 있는 곳도 갔다. 해저 터널 속으로 들어갈 땐 왠지 으스스한 기분이! 경치만 아름다운 줄 알았더니 곳곳에 역사 유적지도 많았다. 이번 탐험에서 더욱 즐거웠던 것은 바로 음식! 오미사 꿀빵과 멸치 회, 멍게 비빔밥은 백점 만점에 백점!

◉ 통영과 충무, 어떤 지명이 맞을까?

　통영으로 여행을 간다고 하니까 아빠는 "충무!"라고 하셨다. 통영이 예전에는 충무였다나? 이순신 장군이 적을 물리친 흔적이 남아 있는 전적지도 많고, 이순신 장군의 승리를 기념해서 세운 세병관과 충렬사 등 유적도 많아서 이순신 장군의 시호인 충무공에서 따온 이름이라고 한다. 하지만 통영도 이순신 장군과 관련이 있는 이름이다. 옛날 해군 본부를 뜻하는 통제영에서 따온 명칭이기 때문이다. 아, 갑자기 충무 김밥이 먹고 싶다……

○ 길가에 벅수를 세운 이유는?

아이고 무서워라! 통영에서 예술가들의 자취를 찾아다니다가 도깨비를 만났다. 왕방울만한 눈을 위로 치켜뜨고 있어서 금세라도 잡아먹을 것 같은 모습이다. 도깨비의 정체는 벅수였다. 모습이 장승과 비슷해서 돌장승이라고도 부른다. 벅수는 마을 입구에 세워서 마을로 들어오는 나쁜 액운을 막는 역할을 했다고 한다. 이러한 상징물을 민속 신앙물이라고 하는데, 장승이나 솟대, 성황당 등이 대표적이다. 통영 벅수처럼 돌로 된 건 매우 드물다는 사실.

○ 윤이상의 업적은?

솔직히 홍난파는 들어봤어도 윤이상은 몰랐는데, 이번 기회에 확실히 알게 되었다. 통영에는 예술가들이 유독 많은데, 그 중 음악가로는 윤이상이 가장 유명하다고 한다. 윤이상은 독일에서 활동을 활발히 했는데, 1972년에 열린 뮌헨 올림픽에서 오페라 〈심청〉을 문화 행사로 열어서 대성공을 거두기도 했다. 윤이상 공원은 예쁘게 꾸며져 있어서 여행 중에 잠시 쉬어가기에 좋은 곳이었다.

> 다음에 꼭 가 봐야지!

한려 해상 국립 공원

해저 터널을 건너면 미륵도이고, 미륵도에 가면 한려 해상 국립 공원이 있다. 국립 공원까지 돌아보고 오려다가 통영항에서 해산물 먹는 것에 정신이 팔려서 그만 놓치고 말았다. 통영은 미륵도 외에도 이순신 장군의 유적지가 있는 한산도, 욕지도, 사량도, 매물도 등 아름다운 섬이 많은 곳이다. 특히 미륵도에서는 케이블카를 타고 산꼭대기까지 올라갈 수 있는데, 그곳에서 바라보는 경치가 최고라고 한다! 다음에 오면 케이블카를 꼭 타야지!

4 공주 무령왕릉
백제 왕릉의 비밀 파헤치기

한강 근처에 나라를 세웠던 백제는 개로왕 때 고구려의 침략을 받아 남쪽으로 수도를 옮겼다. 새 도읍지가 바로 충청남도 공주시다. 어수선하던 백제는 공주에서 다시 강한 나라로 도약했는데, 무령왕릉에 그 비밀이 숨겨져 있다. 우리나라 고고학 역사상 최대의 발굴 현장인 무령왕릉을 찾아 그 비밀을 파헤쳐 보자.

으악! 이번 미션은 듣기만 해도 무시무시한 무덤이다. 오늘 탐험할 곳은 공주 무령왕릉이다. 무덤 안에 들어가야 한다니……. 오공이는 다리가 후들후들 떨렸다.

공주는 475년부터 538년까지 64년 동안 백제의 수도였다. 공주 시내에는 백제 왕릉이 여러 개 있는데, 그중에서 무령왕릉 속으로 들어간 것이다. 무덤의 주인공인 무령왕(재위 501~523)은 백제 25대 왕으로, 백제를 강대국으로 만든 왕으로 유명하다.

"옷 찢어지겠다!"

팔숙이는 오공이를 향해 소리를 질렀다. 오공이는 혹여나 팔숙이를 놓칠까 봐 팔숙이의 옷자락을 꼭 붙들고 있었다.

한강 유역에 있던 백제는 475년, 고구려의 침입을 받아 공주로 옮겨 갔다. 당시 왕은 개로왕(21대 왕)이었다. 그는 도림이라는 고구려의 첩자 때문에 곤란한 상황에 처해 있었다. 도림의 꾀에 넘어가 무리

무령왕릉에서 출토된
금제 관식

하게 토목 공사를 진행했고, 나라를 돌볼 시간에 도림과 팔자 좋게 바둑만 두고 있었다. 결국 고구려 장수왕의 공격을 받아 개로왕은 죽고, 백제는 수도를 공주로 옮겼다.

무덤을 지키는 수호신 진묘수

"띵동!"

조용히 발걸음을 움직일 때 갑자기 소리가 나는 바람에 오공이는 눈을 질끈 감았다.

"그만 좀 떨어. 방금 부르도크가 문자 보냈어."

'무덤을 지키는 진묘수를 찾아서 사진을 찍어 보낼 것. 난 지금 볼일 보는 중!'

"으하하하!"

천하의 부르도크도 생리 현상 앞에선 어쩔 수 없나 보다.

그나저나 우리나라에도 무덤을 지키는 수호신이 있었을까? 오공이는 책에서 읽은 구절이 생각났다. 이집트의 스핑크스는 피라미드를 지키는 수호신인데, 피라미드를 탐험한 사람들은 스핑크스의 저주에 걸려 원인 모를 이유로 죽었다는 것이었다.

"으~, 우리도 그렇게 되는 건 아니겠지."

오공이는 몸서리를 쳤다.

무령왕릉의 시신을 지키는 석수 진묘수

마침내 왕과 왕비가 누워 있던 석실 안으로 들어섰다. 갑자기 팔숙이가 뒤돌아서며 "크앙!" 하고 괴성을 질렀다.

"으악! 사람 살려!"

오공이는 황급히 엎드리며 벌벌 떨었다.

"야, 너 진짜 남자 맞니?"

그런 오공이를 보고 팔숙이는 신 나게 웃었다.

그런데, 오공이의 눈앞에 팔숙이와 닮은 물건이 나타났다.

"어헛! 팔숙아, 여기 너 있다."

오공이의 말에 팔숙이는 허리를 굽히고 자세히 보았다. 꼭 돼지처럼 생겼다. 그런데 옆구리에는 날개가 새겨져 있고, 머리에는 나뭇가지 비슷한 뿔이 나 있는 석상이었다.

이것이 바로 왕과 왕비의 시신을 지키는 수호신 진묘수였다. 몸통에는

붉은 칠을 한 흔적이 있는데, 악귀를 물리치기 위해 바른 것이었다.

"뭐? 내가 이렇게 생겼어?"

팔숙이는 두 손을 허리춤에 대고 씩씩거렸다.

"아니, 이거 굉장히 귀중한 거야. 봐라, 국보 162호라고 씌어 있잖아. 너도 국보감 아니니?"

오공이의 말에 팔숙이는 한결 누그러졌다.

"흥, 내가 국보감이긴 하지."

'호호호' 하고 웃는 팔숙이를 보며 오공이는 어이가 없었지만 말을 아끼기로 했다.

우리나라 최초로 이름을 남긴 장인은 누구일까?

"띵동! 이번엔 장인을 찾아라. 우리나라 최초로 이름을 남긴 장인. 난 아직도 볼일 보는 중."

부르도크의 두 번째 미션도 문자로 왔다.

장인은 물건을 잘 만드는 사람을 말한다. 옛날에는 천한 직업으로 여겨져서 이름을 남긴 장인은 거의 없다고 한다. 그런데 이름을 남긴 장인이 이 왕릉 안에 있다고?

"일단 유물을 자세히 살펴보자."

팔숙이 말에 오공이도 눈을 부릅뜨고 유물을 살펴보았다. 무령왕릉에서 출토된 유물은 총 108종에 2,096점이었다. 이 중 국보만 12점이나 된다고 한다.

더 알아보기

무령왕릉 출토 유물 중 국보

제154호 - 무령왕 금제 관식 1쌍
제155호 - 무령왕비 금제 관식 1쌍
제156호 - 무령왕 금귀고리 1쌍
제157호 - 무령왕비 금귀고리 2쌍
제158호 - 무령왕비 금목걸이 2개
제159호 - 무령왕 금제 뒤꽂이
제160호 - 무령왕비 은팔찌 1쌍
제161호 - 무령왕릉 청동거울 3점
제162호 - 무덤을 지키는 석수
제163호 - 왕릉의 주인에 대한 기록이 새겨진 지석 2개
제164호 - 무령왕비 베개
제165호 - 무령왕 발 받침

국립 공주 박물관에는 무령왕릉 출토 유물이 전시되어 있다.

　이 유물들은 역사적으로 아주 중요한 것들이다. 우리나라에 있는 많은 왕릉 중 누구의 것인지 밝혀진 곳은 이곳 무령왕릉뿐이기 때문이다. 대부분이 도굴되었거나 도굴이 되지 않았어도 주인공이 누구인지 알 길이 없다. 그래서 이곳에서 나온 유물들은 당시 시대상과 문화를 보여주는 중요한 단서가 되고 있다.

　이 유물들을 통해 밝혀낸 중요한 사실 중 하나는 백제가 중국과 일본 등과 활발하게 교류했다는 것이다. 벽돌로 쌓은 고분 양식은 중국 양나라와 같고, 목관은 일본 규슈 지방의 소나무 금송으로 만들었으며, 청자와 항아리 등은 중국에서 온 것들이다. 당시 백제는 여러 나라의 문화를 받아들여 삼국 중 가장 문화 강대국이 되었던 것이다.

"어? 저거 누구 돈이지?"

오공이는 진묘수 앞에 있는 엽전 한 꾸러미를 가리켰다. 이 돈은 중국 한나라에서 사용하던 오수전인데, 왕릉을 만들기 위해 땅을 샀다는 표시로 무덤에 넣은 것이라고 한다. '토지신으로부터 땅을 사고 왕릉을 만든다.'라는 내용이 왕비 지석 뒤에 쓰여 있었다. 이를 매지권이라고 한다.

"너무 이상해. 왕릉을 만드는데 땅을 왜 사?"

오공이는 설명을 읽고 궁금해졌다.

"아직 해결 못했어?"

큰일을 마쳤는지 부르도크가 다가오며 말했다.

"매지권이라? 음. 옛날에는 인간이 땅을 소유하는 것이 아니라 신이

더 알아보기

무령왕릉은 왜 도굴되지 않았을까?

우리나라 고분은 대부분 도굴되었지만 무령왕릉은 완벽하게 보존되었어요. 이유는 근처에 있는 송산리 5, 6호 고분 사이에 있어서 고분이 아니라 산처럼 보이기 때문입니다. 1971년 여름 장마를 앞두고 6호분의 배수로를 공사하다가 삽 끝에 둔탁한 소리가 나서 파 보니 왕릉이었어요. 무덤의 주인을 알 수 있고, 내부가 완벽하게 남아 있어서 우리나라 최고의 고고학 발굴로 여깁니다.

무령왕릉의 입구

땅을 소유하는 것이라고 생각했어. 그래서 왕릉을 만들더라도 땅을 산다는 표시를 한 거야."

팔숙이는 부르도크의 설명은 듣는 둥 마는 둥 하며 근처에 있는 팔찌를 뚫어져라 바라보고 있었다.

"어? 다리로 만들었어?"

팔숙이가 무엇을 봤는지 엉뚱한 말을 한다. 팔이나 손이 아니라 다리로 만들다니! 대체 누가 그런 엄청난 일을 했단 말인가.

"푸하하하! 다리로 만든 게 아니라 다리가 만들었겠지!"

부르도크의 말에 오공이의 귀가 솔깃해졌다. 그렇다면 다리가 장인의 이름이다. 520년 무렵, 다리라는 이름을 가진 장인이 왕비의 은팔찌를 만든 것이다. 미션은 의외로 엉뚱한 곳에서 해결되기도 한다.

금동신발의 비밀

"띵동!"

문자 메시지가 또 왔다.

"금동신발의 비밀은 무엇일까?"

부르도크가 보낸 미션이었다.

"금동신발?"

오공이와 팔숙이는 동시에 서로를 마주보며 말했다.

왕비의 금동신발은 크기가 36.4센티미터나 된다.

오공이는 재빨리 고개를 쭉 빼고 두리번거렸다. 금동신발은 마침 전시관 한쪽에 잘 모셔져 있었다.

"우와, 무슨 신발이 이렇게 커?"

금동신발을 본 오공이는 입이 떡 벌어졌다. 신발이 어마어마하게 컸기 때문이다. 왕비가 신었던 신발이라는데……. 발 사이즈가 300도 넘어 보였다.

"무령왕비는 거인이 아니었을까?"

팔숙이는 그렇게 추측했다.

"팔숙아, 너는 신을 수 있을지도 몰라. 넌 진묘수니까. 으하하!"

"뭐? 너 죽을래?"

팔숙이는 팔뚝을 걷어붙이며 씩씩거렸다.

"지, 진정해! 진묘수는 국보잖아. 왜 화를 내고 그래~."

"흠, 맞아. 난 국보감이지."

아무튼 금동신발은 불가사의였다.

"힌트. 옛날 이집트에서는 미라의 발에 샌들을 신겼어. 저승에 갈 때 신고 가라는 것이었지. 잘 생각해 보도록!"

부르도크의 문자를 받고 오공이는 무릎을 탁 하고 쳤다. 금동신발도 장례식에서 사용한 게 분명했다. 저승에 갈 때 신고가라는 의미로 만든 것이었다. 이런 사실을 뒷받침하는 유물이 공주 수촌리 고분군(사적 460호)에서도 발굴되었다고 한다. 금동신발에 발가락뼈가 끼워진 상태로 출토되었는데, 이는 장례식에서 시신의 발에 금동신발을 신겼다는 것을 잘

보여 준다. 평소에 신는 신발이 아니니 평소 발 크기보다 신발을 더 크게 만들었을 거라는 생각이 들었다.

금동신발은 무령왕릉에서 발견 당시 심하게 부식돼 있었다고 한다. 그래서 유물들을 서울로 옮겨 복원하려고 했다. 그런데 공주 시민들이 막아섰다. 공주에서 출토된 유물인데, 왜 서울로 가져 가느냐며 거세게 항의했던 것이다. 그때 국무총리가 나서서 금동신발을 보여주며 이렇게 말했다고 한다.

"이 신발은 심각한 병에 걸렸어요. 지금 치료하지 않으면 썩어서 없어집니다. 치료하고 돌아올게요."

일본 왕족이 왜 무령왕에게 제사를 올렸을까?

"오공이 나와!"

박물관을 다 돌아본 뒤 부르도크는 오공이를 불러냈다.

"미션은 만점인데, 매너는 빵점이다. 네가 팔숙이를 진묘수라고 놀렸다면서?"

그 사이에 팔숙이가 부르도크한테 냉큼 일러바친 것이다.

"아, 아니, 전 팔숙이가 국보처럼 귀중하다는 의미에서……."

"잔말 말고 저기 산성까지 뛴다, 실시!"

오공이는 부르도크가 가리키는 곳을 바라보았다.

"으악!"

저 멀리 100미터도 더 떨어진 곳에 산성이 보였다. 바로 공산성이다. 백제가 외적의 침입을 막기 위해 쌓은 성으로 높이는 110미터이다. 성곽은 산을 빙 둘러 2,450미터나 된다. 성의 중심지인 진남루 앞에 서니 앞이 훤히 트여 있었다.

"여기가 옛날 백제 궁이 있던 자리로구나."

정말 아늑한 곳이다. 오공이는 벌 받는 중이라는 것도 까먹고 경치에 빠져들었

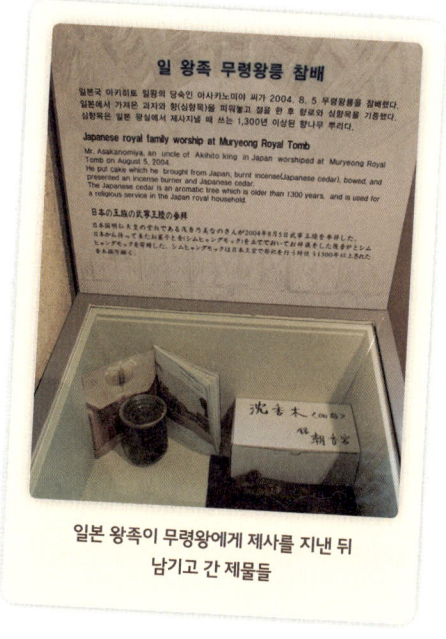

일본 왕족이 무령왕에게 제사를 지낸 뒤 남기고 간 제물들

외적을 막기 위해 쌓았던 공산성의 야경

다. 백제는 이곳에서 국가의 힘을 강하게 키웠던 것이다.

공주에서 국가의 기틀을 세운 백제는 성왕(재위 523~554) 때인 538년, 수도를 부여로 옮겼다. 성왕은 무령왕의 뒤를 이어 백제를 크게 발전시켰다. 특히 일본, 중국과 교류를 많이 한 왕으로 알려져 있다.

지난 2004년에 일본 왕족이 무령왕릉을 찾은 적이 있다. 그들은 손수 향과 향로를 챙겨 와 무령왕에게 제사를 지냈다. 그때 놓고 간 물건들이

지금도 국립 공주 박물관에 전시되어 있다.

그런데 왜 일본 왕족이 무령왕에게 제사를 지냈을까?

"일본 왕족이 혹시 무령왕의 후손인가요?"

오공이는 부르도크의 설명을 듣고 궁금해졌다.

"정확한 것은 몰라. 단지 2001년에 일본 왕이 자신의 50대 선조인 간무천황의 어머니가 무령왕릉의 후손이라고 밝힌 적은 있어. 옛날 백제는 일본에 비하면 발달된 문물을 가진 선진국이었어. 일본은 당연히 백제로부터 많은 영향을 받았고, 왕족들도 어떤 식으로든 연결이 되었을 테지."

백제의 왕족과 일본의 왕족은 어떤 관계일까? 오공이는 무령왕릉을 탐험한 뒤 더 많은 호기심이 생겨났다.

여행 안내

- **가는 방법:** 서울-(고속, 직행버스)-공주
- **여행 코스:** 무령왕릉 – 국립 공주 박물관 – 공산성
- **함께 알아보기**
  - 무령왕의 업적 조사하기
  - 무령왕릉을 통해 당시 외국과의 교류 흔적 살펴보기
  - 백제 문화의 특징 알아보기
- **함께 관람하기**
  - 국립 공주 박물관 041-850-6300
  - 석장리 박물관 041-840-2491

구석기와 신석기 시대의 유물을 볼 수 있는 석장리 박물관

오공이의 역사 탐방기 ❹

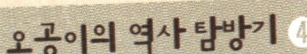

백제 왕릉의 비밀을 품은 공주 무령왕릉

이번 여행지는 무령왕릉이었다. 겉에서만 본 게 아니라 무덤 속으로 쑥 들어갔는데, '진묘수'라고 불리는 동물이 있었다. 생김새가 요상하다 했더니 역시나 상상의 동물이란다. 백제의 수도였던 공주는 곳곳에 백제 유적지가 많은데, 무령왕릉은 그중에서도 최고의 유적지로 손꼽히는 곳이다. 국보급 유물도 많이 출토되었고, 당시 시대상을 엿볼 수 있는 역사적인 자료도 많이 나왔다. 여행도 하고, 역사 공부도 하고. 바로 이런 여행이 진짜 여행 아닐까? 아빠에게 자랑했더니 여름방학 때 한 번 더 가자고 하신다. 그땐 내가 제대로 안내해야지!

이것이 궁금해!

◯ 무령왕은 누구?

우리나라 곳곳에는 왕릉이 많이 남아 있지만 대부분 도굴되었다고 한다. 하지만 무령왕릉은 도굴이 전혀 되지 않은 상태로 발견되었다. 왕릉의 주인인 무령왕은 백제의 25대 왕으로, 462년에 태어나 501년에 왕이 되었고, 523년에 죽었다. 무령왕이 나라를 다스릴 때 날씨가 심하게 가물어서 흉년이 들었는데, 왕이 창고를 개방해서 백성들에게 먹을 것을 나눠 주고 하천에 제방을 쌓아서 농지를 늘렸다고 한다.

○ 백제에서 중국 돈이 발견된 이유는?

　　무령왕릉 안에는 중국 돈 '오수전'이 있었다. 오수전은 중국 한나라 때부터 사용된 엽전이다. 이 돈은 왕릉을 만들 때 토지신으로부터 무덤 터를 샀다는 증거라고 한다. 왕릉을 만들 때도 땅을 사야 했다니! 옛날에는 땅의 주인이 신이라고 믿었나 보다. 아무튼 중국 돈인 오수전이 백제 왕릉에서 발견된 것은 당시 백제와 중국의 교류가 활발했음을 증명하는 증거이다. 인터넷으로 검색을 해 보니 오수전은 백제에서 사용했던 화폐 중 하나였다고 한다.

○ 일본과 백제는 어떤 사이였을까?

　　옛날에는 백제가 일본에 여러 가지 문물을 전해 주었다고 한다. 특히 무령왕릉이 발견되면서 이에 관련된 놀라운 사실들이 밝혀졌는데, 그중 하나는 무령왕이 '사마'라는 이름을 썼다는 사실이다. 사마는 일본어의 존칭어로, 무령왕이 동성왕의 뒤를 이어 왕위에 오르기 전까지 일본을 다스렸음을 뜻하는 말이다. 무령왕은 아버지인 동성왕이 세상을 뜨자, 일본에서 귀국하여 귀족 세력을 제압하고 백제를 발전시키려 애썼다고 한다.

다음에 꼭 가 봐야지!

석장리 박물관

아, 야깝다! 공주 석장리는 구석기 유물이 발굴된 곳으로 유명하다는데, 이번엔 가지 못했다. 특히 유적지 옆에 있는 석장리 박물관에서는 '꼬마 사냥꾼'이라는 재미있는 체험이 있다고 한다. 돌도끼도 만들고 돌망치도 만들어서 사냥을 하면 얼마나 재미있을까? 또 선사공원에서는 움집을 볼 수 있고, 석장리 유물 발굴에 힘쓴 손보기 박사의 기념관도 있다고 한다. 다음에는 꼭 석장리 박물관에 들러 봐야지.

5 국립 부여 박물관
백제 문화의 신비를 풀어라

부여는 백제 문화를 가장 화려하게 꽃피운 도시이자, 백제의 마지막을 함께 한 도시다. 그래서 부여에 가면 백제의 아름다움과 나라를 잃은 슬픔을 동시에 느낄 수 있다. 백제인들의 놀라운 조각 솜씨와 정신세계를 보여주는 백제 금동 대향로와 1500년을 굳건히 지키고 서 있는 정림사지 오층 석탑을 통해 백제 문화의 신비로움을 느껴 보자.

5-1 사회 1. 하나된 겨레 ③ 삼국의 성립과 발전

"백제는 생생하게 살아 있다. 바로 저기에!"

부르도크는 야트막한 언덕 위를 가리켰다. 그곳에 백제의 유물을 전시하고 있는 국립 부여 박물관이 자리하고 있다. 오늘 탐험할 곳은 부여다. 백제가 수도를 공주에서 부여로 옮겼듯, 탐험대도 공주에서 부여로 옮겨 왔다. 백제의 전성기부터 쇠퇴기까지를 탐험하는 것이 오늘의 임무다.

국립 부여 박물관은 백제의 문화를 살펴보는 데에는 최적의 장소다. 박물관이 소장하고 있는 유물은 무려 2만 5천 점이나 된다. 그중 국보는 3점, 보물은 5점이다.

"가장 먼저 찾을 것은 우리나라 최초의 산수화야. 산수화 알지?"

부르도크의 말이 끝나자마자 오공이와 팔숙이는 재빨리 흩어졌다.

우리나라 최초의 산수화를 찾아라

"오잉? 이번 미션은 너무 쉽잖아?"

오공이는 부르도크의 말에 배시시 하고 입가에 웃음이 흘렀다.

백제 예술의 진수를 만날 수 있는 국립 부여 박물관

"왜?"

팔숙이는 오공이가 왜 웃는지 궁금해 물었다.

"그림이니까! 그림은 벽에 걸려 있을 거 아냐."

"그렇긴 한데, 왠지 이상해. 부르도크가 이렇게 쉬운 미션을 냈을 리가 없는데……."

팔숙이 생각이 딱 들어맞았다. 벽에 걸린 액자들을 샅샅이 살펴보았지만 산수화는 없었다.

'이씨!'

오공이는 처음부터 다시 유물을 살펴봐야 했다.

"아이씨!"

백제인의 솜씨를 엿볼 수 있는 산수문전

어디선가 팔숙이의 앙칼진 목소리가 들려왔다. 뭐가 잘 안 되는 모양이었다. 소리가 나는 곳으로 가 보니 문화 체험실이었다. 팔숙이는 나무 퍼즐을 맞추고 있었다.

"이거 제 짝이 아닌가 봐."

팔숙이는 나무토막 두 개를 들고 말했다.

오공이가 자세히 보니 구름과 산의 일부분 같았다.

"구름은 위쪽, 그 아래 산을 넣어야지."

오공이는 퍼즐을 이리저리 옮겨 보았다. 마지막 한 조각을 끼워 맞추니 그럴 듯했다.

"어? 이거 그림이잖아?"

팔숙이가 머리를 갸웃대며 말했다. 산과 물이 어우러진 것이 분명 산

반룡문전

귀형문전

수화였다. 오공이는 퍼즐 제목을 보았다.

"으하하하! 팔숙이, 너 정말 심각하구나."

퍼즐 밑에는 '유치원용 퍼즐 - 산수문전'이라고 씌어 있었다.

그림의 제목의 산수문전인 것이었다. 산수문전이 어디 있나 찾아보았더니 제 3전시실에 있었다.

"이러니 못 찾지!"

산수문전은 벽돌이었다. 다른 여러 장의 벽돌과 함께 보물 343호로 지정된 문화재다. 1937년 부여 규암면 외리에서 벽돌 수십 장이 완벽한 상태로 출토되었는데, 크기는 가로 세로 각각 30센티미터가 약간 안 된다. 무늬는 산경이 두 종, 귀신을 표현한 귀형, 반룡, 연화, 와운, 봉황 등 모두 8가지다. 그래서 8무늬전 또는 문양전이라고도 한다.

"어라? 너희가 이걸 어떻게 찾았지?"

부르도크는 놀라더니 산수문전에 대해 덧붙였다.

산수문전이 보물로 지정된 것은 백제의 아름다운 건축 예술을 보여주기 때문이라고 한다. 또 우리나라 최초의 산수화로 볼 수 있다는 점도 중요하다. 산과 구름, 누각과 인물이 잘 배치되어 있으며, 전체적으로 부드러운 느낌을 준다. 이것은 백제 사람들의 넉넉한 정신세계를 담아낸 것이다.

입 벌린 호봉이

"이럴 수가!"

부르도크는 첫 문제를 너무 쉽게 냈다면서 툴툴거려댔다.

"이번엔 진짜 못 풀 거다. 두 번째 미션은 '입 벌린 호봉이를 찾아라.'다. 오줌이 마려우면 찾을 수 있을 거야! 하하하!"

부르도크는 미션을 내고는 유유히 사라졌다. 아이들은 어리둥절했다.

도무지 헷갈리는 미션이다. 입 벌린 호봉이는 누구이고, 오줌과 무슨 상관이 있다는 말인가?

오공이는 곰곰이 생각해 보았다. 탐험대에 호봉이라는 아이는 없었다.

"너 혹시 오줌 마렵지 않니?"

팔숙이는 힌트를 생각하며 오공에게 물었다.

"글쎄, 약간은……."

"그럼 일단 참아 봐. 미션이 해결될 지도 몰라."

오공이는 안 그래도 미션을 해결하고 화장실에 갈 생각이었다. 이리저리 기웃대며 찾다보니 시간이 많이 지나서 오줌보가 터질 지경이었다. 심지어 정신이 몽롱해지는 것 같았다.

'으, 도저히 안 되겠다!'

도저히 참기가 어려워지자 황급히 화장실을 찾기 시작했다. 그런데 주변에 화장실이 보이지 않았다! 그런데 그때였다. 꼭 소변기처럼 생긴 게 눈앞에 어른거리는 것 아닌가.

'저기에다 볼일을 봐야겠다.'

오공이는 바지의 지퍼를 내리려고 했다. 마침 주변에는 아무도 없었다!

"야! 그렇다고 호봉이 입에 진짜 오줌을 누려고 하면 어떡해!"

부르도크가 인상을 구기며 다가왔다.

"어? 저게 입 벌린 호봉이?"

팔숙이가 말했다. 자세히 보니 동물 비슷한 것이 입을 크게 벌린 모양이었다. 그러나 오공이는 말이 나오지 않았다. 오줌보를 붙잡고 부르도크가 손가락으로 가리킨 화장실을 향해 어기적어기적 걸어갔다.

입 벌린 호봉이는 바로 남자용 소변기였다. 본래 이름은 호자. 호랑이 도자기라는 뜻이다. 호봉이는 호자의 캐릭터 명칭이다. 호자는 부여 군수리에서 출토되었다. 길이는 24센티미터, 너비는 25.5센티미터이다.

부르도크는 호랑이가 담배 피우던 시절 이야기를 보탰다. 옛날 신선들은 오줌이 마려우면 호랑이 입을 벌리게 하고 소변을 봤단다. 그래서 호자라는 이동식 변기가 생겨났다는 것이다. 중국 한나라 때에는 왕 옆에서 호자를 들고 다니는 신하도 있었다고 한다.

"옛날 사람들의 여유와 멋을 느낄 수 있는 유물이야. 그나저나, 오공이 오줌보는 괜찮니?"

부르도크의 말에 팔숙이가 우하하하 하며 마구 웃어댔다. 오공이는 어느새 화장실로 뛰어가고 없었다.

백제 금동 대향로가 하수구에 버려진 이유는?

"호호호! 내가 호봉이 들고 다닐까?"

팔숙이가 계속해서 놀려댔다.

"자꾸 놀릴래!?"

오공이는 죽다 살아난 기분이 들었다. 미션을 해결하려다 하마터면 바지에 오줌을 쌀 뻔했으니 말이다.

"이번 미션은 백제 최고의 유물에 관한 것이다. 바로 금동 대향로!"

부르도크는 박물관 한쪽을 가리켰다. 그곳에 금빛이 찬란한 커다란 향로가 있었다.

"이번 미션은 상상력 테스트다. 이 향로는 옛날 하수구로 짐작되는 곳

에서 발굴되었다. 향로가 왜 그런 곳에 들어 있었을까?"

"오줌에 이어 냄새나는 하수구까지……."

팔숙이는 얼굴을 찌푸렸다.

백제 금동 대향로는 백제인의 솜씨가 얼마나 대단한지를 알 수 있는 유물이다. 높이는 61.8센티미터, 무게는 11.8킬로그램으로 지금껏 발견된 옛 향로 중에서 가장 크다. 뚜껑은 봉황으로 되어 있고 몸통은 연꽃잎 모양으로 장식돼 있으며, 받침대에는 용무늬가 새겨져 있다.

향이 솔솔 나오는 부분에는 여러 가지 무늬가 있는데, 이는 불교와 도교의 세계를 표현한 것이다. 신선이 산다는 봉래산이 있고, 봉황이나 연꽃, 신선과 악사들, 동물들, 신비로운 산이 보인다. 향로의 모양이나 솜씨가 워낙 훌륭해서 혹시 중국에서 들어온 것이 아닌가 하는 추측도 많았다. 하지만 2007년에 왕흥사 사리함이 발굴되고 2009년 미륵사 서탑에서 순금 사리함이 발굴되면서 백제인의 작품임이 분명해졌다.

향로가 발굴된 것은 1993년 12월 12일이다. 발견된 장소는 부여 능산리 고분군이었다. 그곳은 옛날에 개천이나 하수구였을 것이라는 조사 결과가 나왔다.

"혹시 향로를 하수구에 빠트린 게 아닐까?"

팔숙이 추측이다.

"그러면 다시 건졌겠지."

오공이는 향로를 유심히 바라보며 말했다. 이렇게 아름답고 멋진 작품을 하수구에 버렸다니 이해할 수 없었다.

"그럼 일부러 하수구에 넣은 걸까?"

팔숙이는 고개를 갸우뚱하며 말했다. 순간 오공이는 눈을 크게 떴다. 무언가 생각이 난 모양이다.

"맞아. 일부러 넣은 게 분명해!"

이 정도로 정교하게 만들어진 향로라면 왕실에서 사용하던 것이 분명하다. 즉, 함부로 다룰 물건이 아니라는 것이다. 그런데 하수구에서 발견됐다면 일부러 하수구에 던져 넣지 않으면 안 될 사정이 있었던 게 분명하다. 문제는, 향로를 '왜' 던져 넣었냐는 것이다.

"자, 여기까지. 왜 향로가 하수구에서 발견됐는지 알아냈나?"

부르도크였다.

"일부러 넣은 게 분명합니다."

오공이는 자신 있게 말했다.

"음, 절반은 맞췄다. 대단한데!"

부르도크의 칭찬을 들으니 오공이의 어깨가 으쓱 하고 올라갔.

부르도크는 "이건 어디까지나 가설이다."라며 덧붙였다.

"부여는 백제가 망한 곳이야. 의자왕 때, 신라와 당나라의 연합군에게 패하고 말았지. 그때 많은 사람들이 죽었어. 그리고 많은 보물들을 빼앗겼지. 그런데, 누군가가 이 향로를 하수구에 던졌어. 나중에 다시 찾을 날을 기약하면서."

부르도크는 "어때? 내 상상력 대단하지!" 하며 스스로를 칭찬했다. 부르도크의 말이 사실일까?

그때로 돌아갈 수 없으니 확인할 길은 없다. 분명한 것은 이 향로가 고스란히 우리 앞에 모습을 드러났다는 사실이다. 백제 금동 대향로는 2005년, 국립 중앙 박물관이 재개관하면서 발표한 '5천 년 우리 민족 대표 유물 베스트 10'에서 당당히 3위에 올랐다.

정림사지 오층 석탑에 숨은 슬픈 사연

박물관을 나와 인근에 있는 정림사지로 향했다. 정림사지는 옛날 정림사라는 절이 있던 곳이다. 현재는 국보 9호로 지정된 정림사지 오층 석탑과 보물 108호로 지정된 석불 좌상이 자리를 지키고 있다.

"저기 보이는 탑이 바로 정림사지 오층 석탑이다. 저 탑에 숨겨진 비밀을 푸는 것이 이곳에서의 마지막 미션이야."

부르도크의 말이 끝나자마자 아이들은 우르르 뛰어갔다.

"여기에 무슨 비밀이 숨어 있지?"

오공이는 탑 주위를 돌아보았다. 탑은 마치 나무로 깎아 세운 듯 정교했다. 옛날에는 나무로 만든 목탑이 많았다. 정림사지 오층 석탑은 목탑의 형식을 잘 보여 주는 석탑이라서 그 가치가 더 높다고 한다. 또 우리나라 최초의 석탑으로 알려져 있다.

"왼쪽으로 도는 거니, 오른쪽으로 도는 거니?"

팔숙이는 탑 주변을 돌며 말했다.

우리나라 최초의 탑인 정림사지 오층 석탑

"뭐가?"

"탑 주변을 돌면 소원이 이뤄진다고 하잖아. 이런 걸 '탑돌이'라고 한대. 나도 지금 미션 풀게 해달라고 비는 중이야."

"꿍야!"

오공이는 이마에 손을 얹었다. 하지만 실눈을 뜨고 계속 탑을 바라보았다. 그런데, 탑 몸체에 이상한 글씨들이 잔뜩 새겨져 있었다.

"이게 무슨 내용이지?"

"오호, 넌 누구니?"

그때 웬 할아버지가 오공이를 내려다보며 물었다.

"전 오공이에요."

"난 문화 해설사란다. 탑에 적힌 내용이 뭔지 궁금하니?"

할아버지는 탑에 적혀 있는 내용에 대해 설명해 주었다.

서기 660년 7월 13일, 백제의 수도 사비성은 검은 연기로 둘러싸여 앞을 분간하기 어려웠다. 신라와 당의 연합군에게 함락당하고 백제의 31대

왕인 의자왕(641~660)은 공주의 웅진성으로 달아났다. 그러나 이미 국가는 운명을 다한 상태였다. 나흘 후인 7월 17일, 의자왕은 웅진성에서 걸어 나와 무릎을 꿇었다. 당나라의 장군 소정방(591~667)은 의자왕과 700여 명의 백제인들을 포로로 잡아 귀국하면서 정림사지 오층 석탑에 이 일을 기록했다.

"그래서 한때 정림사지 오층 석탑을 평제탑이라고도 불렀어. '백제를 평정했다.'는 뜻이지."

할아버지의 설명을 들으니 오공이는 괜히 시무룩해졌다. 탑에 얽힌 사연이 너무 슬펐기 때문이다.

"우와! 내 탑돌이가 정말 통했구나! 우리가 미션을 풀었어!"

팔숙이는 할아버지께 "감사합니다!" 하고 큰소리로 외쳤다.

"그럴 리가? 넌 탑을 왼쪽으로 돌았잖니. 탑돌이는 오른쪽으로 세 번 도는 거란다. 하하하!"

할아버지는 유쾌하게 웃었다.

보물로 지정된 석불 좌상은 탑 앞에 있는 건물 안에 있다. 모양이 둥글둥글해서 편안한 느낌을 주는 불상이다. 밑받침을 대좌라고 하는데, 대좌를 포함한 전체 높이는 5.62미터나 된다.

백제는 신라보다 문화재의 개수는 적다. 하지만 삼국 어느 나라보다도 앞선 문화를 보여주고 있다. 신라의 27대 왕인 선덕 여왕(632~647)이 황룡사 구층 목탑을 지을 때 옆에 있던 신하가 이렇게 이야기했다는 일화도 있다.

"그 일은 백제의 장인 없이는 힘든 일이옵니다."

황룡사 구층 목탑은 결국 백제의 장인 아비지가 완성했다.

'화려하지만 사치스럽지 않고 소박하지만 누추하지 않다.' 이것이 바로 백제 문화를 한 마디로 표현한 것이다. 오공이는 백제의 수도 부여를 탐험하면서 그것을 온몸으로 느낄 수 있었다.

여행 안내

- **가는 방법 :** 서울- (고속, 직행버스) - 부여
- **여행 코스 :** 국립 부여 박물관 - 정림사지 - 부소산과 낙화암
- **함께 알아보기**
    - 백제 문화의 특징 정리해 보기
    - 정림사의 가치 알아보기
    - 백제의 마지막 상황을 생각해 보기
    - 백제 와당의 특징 조사하기
- **함께 관람하기**
    - 정림사지 박물관 033-455-3129
    - 국립 부여 박물관 033-450-5060

백제 와당

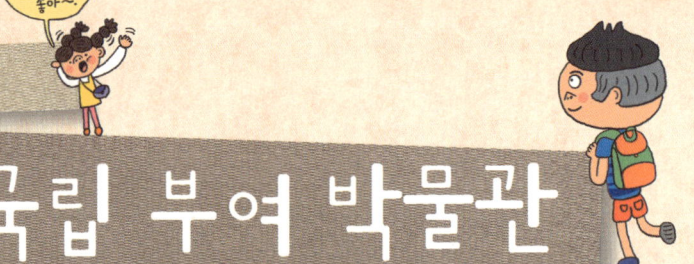

오공이의 역사 탐방기 5

신비로운 백제 문화 속으로 국립 부여 박물관

엥? 박물관도 탐험하는 곳이야? 처음엔 부르도크가 너무 고리타분한 곳으로 우리를 데려갔다고 생각했다. 박물관은 평소에도 많이 가 봤으니까. 하지만 국립 부여 박물관은 백제의 뛰어난 문화를 볼 수 있는 곳이라 좋았다. 우리나라 최초의 산수화인 산수문전과 호랑이가 입을 벌린 모양을 본뜬 이동식 화장실 호자는 '충격' 그 자체였다. 백제 금동 대향로는 최고의 문화재였고, 정림사지 오층 석탑에서는 백제의 멋과 슬픔을 동시에 느낄 수 있었다.

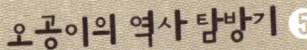

◎ 산수문전은 어디에 쓰이던 유물일까?

산수문전은 우리나라 최초의 산수화로 볼 수 있는 그림이 그려진 벽돌이다. 부여에서 출토된 이 벽돌은 산수화 이외에도 귀신, 용, 연꽃, 구름, 봉황 등 모두 8가지 그림이 그려져 있어서 흔히 '8무늬전'이라고도 한다. 네모난 형태의 벽돌로 담장에 붙였을 것으로 추측되고 있다. 와우! 현대에도 이렇게 아름다운 벽돌은 어디에서도 찾아볼 수 없을 것 같다. 1천5백 년 전 백제인들은 이런 예술품을 담벼락에 붙이고 살았다니! 정말 놀라웠다.

◐ 백제 금동 대향로가 유명한 이유는?

　　백제는 신라 못지않게 우수한 문화를 지닌 나라였다. 그러나 신라가 삼국을 통일한 이후 고분들이 대부분 도굴 되어서 백제의 문화를 엿볼 수 있는 문화재는 생각보다 많지 않다. 그러나 수많은 유물을 고스란히 간직한 무령왕릉이 발굴되었고, 1993년에는 백제 금동 대향로가 발굴되어서 백제 문화의 위대함이 세상에 드러나게 되었다. 백제 금동 대향로는 5천 년 우리 역사를 대표하는 유물 베스트 10에 뽑히기도 했다.

◐ 백제의 장인 아비지는 누구?

　　아버지가 아니라 아비지! 아비지는 백제에서 손꼽히는 유명 탑 기술자로, 신라 선덕 여왕의 초청을 받아 당대 최고의 탑인 황룡사 구층 목탑을 쌓은 사람이다. 이 목탑이 남아 있었으면 좋았을 텐데, 아쉽게도 몽골이 침입했을 때 불타 없어지고 말았다. 아비지는 탑을 만들 때, 불행하게도 고국인 백제가 망하는 꿈을 꿨다고 한다. 그래서 계속 공사를 할지 말지 무척 망설였지만 갑자기 천둥 같은 소리가 울리며 노승과 장사가 나타나 기둥을 세우는 것을 보고 공사를 계속했다고 한다.

다음에 꼭 가 봐야지!

서동요 테마파크

〈서동요〉는 예전에 텔레비전 드라마로 봤었는데, 바로 부여에 이 드라마의 촬영지가 있다. 서동은 백제의 무왕으로, 선화 공주와 아름다운 사랑을 나눈 주인공이다. 드라마가 끝난 뒤 촬영지는 테마파크로 바뀌었다. 백제 시대의 건축물들을 볼 수 있으며 제기차기, 그네 등 다양한 놀이와 선화 공주 의상 입어 보기 등 백제 문화를 체험할 수 있는 여러 가지 프로그램이 마련되어 있다. 이번 여행에서 놓쳐서 아쉬운 곳이지만 팔숙이가 선화 공주 흉내 내는 걸 안 보게 되어서 한편으론 다행이란 생각이 들었다. ㅎㅎㅎ

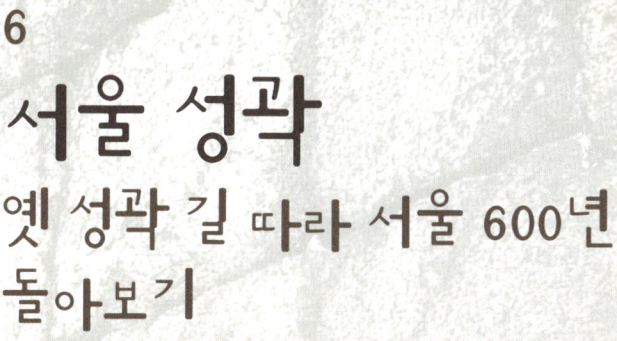

6
서울 성곽
옛 성곽 길 따라 서울 600년 돌아보기

서울 성곽은 조선 시대 때 한양을 둘러싸고 있던 도성이다. 600년 전부터 한양을 지키던 파수꾼으로 사대문과 사소문, 망루와 봉수대 등 옛 모습이 곳곳에 남아 있다. 600년 역사를 간직한 성곽을 따라 서울의 좌청룡 낙산과 우백호 인왕산에도 가보고, 연인들이 사랑을 맹세하는 N서울타워에도 올라가 보자.

5-1 사회 3. 유교 전통이 자리 잡은 조선 ① 조선의 건국과 한양

"쳇! 겨우 서울이야?"

오공이는 심드렁한 표정을 지었다. 오늘 탐험할 곳은 서울 성곽이다. 그동안 여행 다니는 재미가 쏠쏠했는데……. 오공이는 내심 아쉬웠다.

"후훗, 너희 진짜 서울 구경해 봤니? 서울 성곽 안쪽이 바로 진짜 서울이라고!"

부르도크는 남의 속도 모르고 말했다.

"교과서에 나오는 여.행.지.를 탐험하는 거라면서요! 서울이 무슨 여행지예요? 교과서에서 본 기억도 없는데……."

팔숙이가 뽀로통한 얼굴로 따지듯 물었다.

"서울이 왜 여행지가 아니니? 게다가, 서울 성곽은 교과서에 나와. 그것도 꽤 여러 번!"

서울 성곽은 조선 시대 초부터 쌓았다. 당시 조선의 수도는 한양, 즉 서울이었다. 경복궁을 중심으로 뒤에는 북악산, 앞에는 남산, 좌우에는 낙산과 인왕산이 있다. 서울 성곽은 이 네 개의 산을 잇는 성이다. 성곽의 길이는 약 18킬로미터. 하지만 지금은 낮은 지역에는 성벽이 없고, 주로 산 쪽에만 있어서 성벽의 길이는 18킬로미터가 채 안 된다.

"남산 봉수대가 첫 번째 미션이다."

부르도크의 말에 오공이는 '헤헤' 하고 입을 벌리며 미소를 지었다. 남산에는 몇 번 올라가 봤으니, 이번 미션도 식은 죽 먹기일 것이다. N서울타워 앞에 팔각정이 있고, 그 옆에는 봉수대가 있었다. 오공이는 기억을 더듬어 보았다.

성곽이 제법 길게 남아 있는 남산에 도착했다. 먼저 백범 광장에서 남산 식물원을 지나 정상으로 오르는 길로 들어섰다.

"케이블카 타면 금방 가는데⋯⋯."

팔숙이는 여전히 여행지가 마음에 들지 않는 듯 투덜거렸다. 과연 익숙한 서울에서 어떤 흥미진진한 탐험거리를 찾을 수 있을까?

적이 나타났을 때 피우는 봉화의 개수는?

"여기가 바로 남산 봉수대다."

부르도크가 말했다. 봉수대는 변방에 위급한 일이 생기면 조정으로 연락을 하는 연락망이었다. 낮에는 연기로, 밤에는 불로 신호를 보냈다. 봉수대는 신라 시대에도 있었다. 조선 시대에는 전국에 약 650개의 봉수대를 설치했다. 그중 남산 봉수대는 1394년에 세워진 것이다. 이곳은 1894년까지 사용된 것으로 알려져 있다.

"그 많은 봉수대의 신호가 바로 여기로 모였어."

남산 봉수대에는 6명이 3명씩 조를 짜서 교대로 근무했다. 2명이 대장 격인 오장이고 나머지 4명은 봉수군이라고 불렀다.

부르도크는 봉수대를 가리켰다. 하나, 둘, 셋, 넷, 다섯. 모두 다섯 개였다. 이곳에 모인 신호가 궁궐로 보내져서 조정에서는 적절한 조치를 취할 수 있었다.

봉수대는 위급 상황에 따라 봉화의 개수를 다르게 피웠다. 딸랑 한 개만 피울 때도 있었고, 다섯 개를 모두 피울 때도 있었다.

"자, 이제 진짜 미션을 주겠다. 변방에 적이 나타났을 때 봉화를 몇 개나 피웠을까? 이번엔 정답을 문자로 보내도록!"

"적이 나타나면 무서워서 5개 다 피웠을 거 같은데? 난 5개 다 피웠다에 한 표!"

팔숙이는 휴대 전화에 '5'라고 찍어서 부르도크에게 문자 메시지를 보

냈다.

오공이는 곰곰이 생각해 보았다. 적이 나타났다면 정말 위험한 상황이다. 한두 개 갖곤 안 될 것 같았다. 그런데 적이 공격을 한 것도 아니고 그저 모습을 드러낸 것뿐인데 5개를 다 피웠을까? 그것도 아닌 것 같았다.

'에이, 모르겠다!'

오공이는 적당히 '3개'라고 찍어서 문자를 보냈다.

"어? 정답을 보낸 사람이 있군!"

부르도크는 오공이를 쳐다보며 싱긋 웃었다. 순간 오공이는 속으로 '와우!' 하고 외쳤다.

부르도크는 설명했다.

"봉수는 평상시에는 하나를 피웠다. 아무 일이 없다는 신호다. 적이 나타나면 2개를 피웠고, 만일 적이 국경에 가까이 다가오면 3개를 피웠다. 적이 국경을 넘으면 문제는 심각해진다. 그럴 때에는 4개를 피웠고, 전투가 벌어지는 긴박한 상황에서는 5개를 다 피웠다. 정답은 2개!"

"에이, 틀렸잖아!"

오공이는 씁쓰레하게 웃었다. 부르도크한테 속았던 것이다.

N서울타워 주변에는 자물통이 수도 없이 걸려 있었다. 연인들이 사랑이 영원하기를 기원하면서 채운 것이라고 한다.

"호호, 나도 이거 걸어야지."

팔숙이가 어디에선가 자물통을 하나 가져오더니 '철컥' 하고 채웠다.

"무슨 자물통이니?"

오공이는 궁금했다. 팔숙이가 채운 자물통 위에 글씨가 보였다.

'오공이는 내 거! 팔숙이가'

순간 오공이는 눈이 뒤집히는 것 같았다.

"열쇠 얼른 이리 내!"

"여기 있지롱~."

팔숙이는 열쇠를 오공이 눈앞에 내밀더니 멀리 허공을 향해 던졌다. 열쇠는 남산

N서울타워에 가면 연인들이 영원한 사랑을 기원하며 채운 자물통을 볼 수 있다.

의 깊은 숲으로 사라져 버렸다.

"으아악!"

오공이의 비명이 남산에 울려 퍼졌다.

서울의 좌청룡과 우백호

남산에서 마을버스를 타고 내려가 동대문까지 걸어갔다.

"여기서부터 낙산 성곽이다."

동대문에서 북쪽으로 야트막한 능선이 나 있는데, 이것이 낙산이라고 한다. 아래에서 올려다보니 성곽이 능선 위로 이어지고 있었다.

"헉헉!"

계단을 오르기 시작하자 숨이 턱까지 차올랐다.

"운동 좀 해라. 맨날 방에서 게임만 하니까 저질 체력이지."

팔숙이는 헉헉대는 오공이를 한심하다는 듯이 쳐다봤다.

다행히 오르막길은 금세 끝났다. 낙산 위에서 서울을 바라보니 높은 빌딩들이 앞다투어 서 있었다. 이게 부르도크가 말했던 진짜 서울일까? 오공이는 고개를 갸웃거렸다.

"낙산은 서울의 동쪽에 있는 산이다. 옛날에 궁궐을 지을 땐 양옆에 산을 거느린 곳을 골랐지. 600년 전 경복궁을 지을 때도 마찬가지였어. 양쪽의 산을 흔히 좌청룡, 우백호라고 하지. 낙산은 옛 서울의 좌청룡 같은 역할을 했지. 그럼 우백호는 어디일까?

부르도크의 말에 오공이는 눈앞이 캄캄해지는 것 같았다. 분명히 전에 배웠는데 기억이 나질 않았다.

"힌트 줄까?"

부르도크는 도시 건너편 산을 가리켰다.

"바로 저 산이야."

오공이는 부르도크가 가리키는 쪽을 바라보았다. 산이 보이기는 하는데…… 무슨 산인지는 알 수 없었다.

"호호호! 나는 알지!"

옛 모습을 간직한 낙산 성곽 길. 낙산은 서울의 좌청룡이다.

팔숙이가 갑자기 웃으며 말했다.

"정말? 어딘데?"

오공이는 들뜬 표정으로 물었다.

"앞산! 우리 집에서 보면 앞에 있거든."

꿍야! 오공이는 이마에 손을 짚으며 쓰러지고 말았다.

좌청룡과 우백호는 풍수지리설에서 나온 말이다. 풍수지리설은 땅에 기가 흘러 그 기가 사람에게 영향을 준다는 우리 선조들의 믿음이다. 그에 따라 궁궐을 지을 때는 물론, 무덤을 만들 때에도 좌청룡과 우백호를 살폈다고 한다. 좋은 곳을 '명당'이라고 부르는데 좌청룡과 우백호도 명당의 조건이었다.

인왕산 호랑이가 돌아왔다!

"바로 이 산이 아까 낙산에서 본 인왕산이다."

부르도크는 아래에서 성곽 길을 올려다보며 말했다. 우백호는 바로 인왕산이었다.

"또 놓쳤네!"

오공이는 이마를 탁 쳤다. 분명히 알고 있었는데, 기억이 나지 않아서 미션 하나를 놓치다니!

그런데 그게 문제가 아니었다. 성곽은 아주 높은 곳까지 쭉 이어져 있었다. 끝이 어딘지 보이지 않을 정도였다.

"으ㅎㅎㅎ! 드디어 제대로 된 탐험을 하겠군. 출~발!"

부르도크가 심술궂은 미소를 띠며 말했다. 아이들은 조금 걷자 숨이 차기 시작했다.

'왜 이렇게 높은 곳에 성을 쌓았지?'

오공이는 괜히 화가 나기 시작했다. 부르도크가 잠시 쉬었다 가자는 말을 하지 않았으면 돌아서서 내려갈 참이었다. 쉬는 사이에 부르도크는 서울 성곽을 쌓게 된 사연을 들려주었다.

서울 성곽을 짓기로 한 것은 1395년이다. 조선을 세운 태조 이성계는 도성을 쌓기 위해 임시 관청인 '도성축조도감'을 설치하고 정도전(1342~1398)에게 성터를 측정하고 조사하도록 했다. 성곽은 이듬해인 1396년부터 건설되었다. 성곽 건설에 동원된 일꾼들만 해도 무려 11만

옛날에 인왕산에는 호랑이가 살았다고 전해진다.

8천 명이라니! 공사의 규모를 짐작하고도 남을 만하다. 당시 여러 구역으로 나누어 책임자를 두고 공사를 했는데, 당시 공사를 지휘하던 사람들의 이름이 성곽에서 발견되기도 했다. 이처럼 성을 쌓은 책임을 나타내기 위해 돌에 새긴 이름을 '각자성석'이라고 한다. 혹시 성벽이 무너지면 공사 책임자를 불러서 다시 성을 쌓게 하기 위함이었다. 그리고 사대문(동대문·서대문·남대문·숙청문)과 사소문(조선 시대 서울의 사대문 사이에 나 있던 작은 문)은 그해 가을에 세웠다. 이 공사에는 일꾼 8만 명이 동원됐다고 한다.

"옛날에 이곳에는 호랑이가 많았어. 가끔 호랑이가 담장을 넘어 궁궐에 침입해서 난리법석을 떤 적도 여러 번 있었다고 하지. 그 호랑이가 인왕산에 돌아왔다! '호랑이를 찾아라.' 이게 이번 미션이야. 자, 출발!"

"헐!"

오공이는 어이가 없어서 헛웃음이 나왔다. 호랑이가 우리나라에 아직도 살고 있다니…… 이게 무슨 뚱딴지 같은 소리일까?

한참 걷다 보니 지쳐서 미션이 뭔지도 생각이 나지 않을 것 같았다. 어느덧 성곽 끝에 다다르니 '윤동주 시인의 언덕'이라는 공원이 있었다.

"여기 시가 적혀 있어."

팔숙이가 커다란 돌을 두리번거리며 말했다. 여기저기 놓여 있는 돌마다 시가 적혀 있었다. 오공이는 주변을 둘러보았다.

"으핫!"

공원 아래쪽에 호랑이가 한 마리 앉아 있는 것이 아닌가. 가까이 다가가 보니 '문화강국 호랑이상 인왕산에 호랑이가 돌아왔다'라는 글귀가 붙어 있었다.

"어이구, 귀여운 녀석, 여기 있었구나!"

오공이는 호랑이를 쓰다듬고 휴대 전화

인왕산 서울 성곽 끝에 있는 윤동주 시인의 언덕

를 꺼내 인증 샷을 찍었다. 이번 미션도 성공이었다.

총 맞은 소나무

서울 성곽의 마지막 코스는 북악산 성곽이었다.
"으아악!"
이번에는 탐험대 전체가 비명을 질러댔다. 인왕산 성곽은 뒷동산 수준이었다. 북악산 성곽은 저 높은 곳까지 성곽이 쭉 연결돼 있기 때문이다.
"총 맞은 소나무를 찾는 것이 북악산 성곽에서의 미션이다."
게다가 미션도 어렵기만 하다. 성곽 길 주변에 널리고 널린 게 소나무인데, 이 나무들을 일일이 다 살펴볼 수도 없는 노릇이었다.
창의문은 북악산 성곽의 출발점이었다. 성곽 곳곳에는 경찰들이 경비를 서고 있었다. 청와대가 내려다보이는 곳이라서 경비를 철저히 하는 것이다. 사진 촬영도 정해진 곳에서만 가능하다.
"으아, 힘들어 죽겠어."
오공이의 눈이 슬슬 풀리고 있었다.
"여기서 낙오하면 안 돼. 조금만 더 힘내자."
부르도크의 말에 오공이는 '에고!' 하고 한숨부터 나왔다. 죽을 똥 말 똥 겨우겨우 한 발씩 올라 능선 길을 조금 더 가니 백악마루 정상이었다. 정상에 올라서니 서울 시내가 한눈에 들어왔다. 백악마루를 지나서부터

는 내리막길이라서 한결 쉬웠다.

"참, 우리 미션 해결해야지!"

팔숙이와 오공이는 그때서야 부랴부랴 총 맞은 소나무를 찾기 시작했다.

"혹시 지나친 건 아닐까?"

팔숙이의 말에 오공이는 고개를 세차게 흔들었다.

"오노! 절대 안 돼!"

그때였다. 앞쪽에서 몇몇 사람들이 어떤 나무를 유심히 보고 있었다. 오공이는 '이 나무다!' 하는 직감이 들었다.

"어머, 여기 좀 봐. 나무에 웬 총알 자국이 나 있어."

아주머니 한 분이 나무를 가리키며 말했다. 왜 나무에 총알이 박혀 있는 것일까? 오공이는 궁금했다. 주변에 계신 어른들의 말씀을 듣고 나서야 그 이유를 알 수 있었다.

"이건 북한에서 청와대를 습격하라고 보낸 간첩 김신조 일당과 총격전을 벌인 흔적이란다. 1968년 1월 21일, 김신조를 비롯한 31명이 청와대에 들어가려다 검문에 걸렸는데, 북악산으로 도망을 쳤거든. 총격전을 벌이다가 간첩 대부분은 죽었고, 김신조만 살아남아 잡혔단다."

그 사건을 1·21 사태라고 부른다고 한다. 당시 위협을 느낀 우리나라는 향토 예비군을 만들어서 지역을 지키는 것에 힘썼다. 1·21 사태 이후로 북악산 성곽 길은 통행이 금지되었다가, 2005년에 해제되어 지금은 관광 코스가 되었다.

서울에 북대문이 있을까?

"이번엔 숙정문으로 간다."

부르도크의 말에 오공이는 '아이고!' 하며 주저앉고 싶었다. 남산에서는 마을버스를 탔고, 낙산은 가볍게 산책하듯 올랐지만 인왕산과 북악산에서는 무작정 걷기만 했다. 오공이는 다리가 후들거렸다.

부르도크는 아랑곳하지 않고 미션을 냈다.

"서울의 북대문을 찾아라. 서울 성곽 탐험의 마지막 미션이다."

아이들은 길게 이어진 성곽을 따라 걸었다. 다행히 내리막길이라서 걷기가 쉬웠다.

"너, 북대문 본 적 있니?"

팔숙이가 고개를 갸웃거리며 물었다.

"에이, 서울에 무슨 북대문이 있니?"

오공이는 고개를 가로저었다. 남대문, 동대문, 그리고 서대문이라는 명칭은 들어 봤어도 북대문은 금시초문이었다.

"아까 창의문이라는 데가 혹시 북대문 아니야?"

팔숙이의 말에 오공이도 헷갈렸다. 남대문은 숭례문, 동대문은 흥인지문이라고 배웠다. 서대문은 모르겠고, 북대문 역시 다르게 불렸을 게 틀림없다. 두런두런 이야기를 하며 걷다 보니 왼쪽에 문 하나가 나타났다. 남대문처럼 크지는 않지만 분명 대문은 대문이다.

"숙정문이다. 인증 샷 찍어라."

서울의 북대문인 숙정문

부르도크의 말이다.

"북대문 찾으라면서요?"

팔숙이는 눈을 동그랗게 뜨고 부르도크를 쳐다보았다.

"그래. 이 문이 바로 북대문이야."

'에게?'

오공이는 어리둥절했다. 문은 사람이 지나다니라고 지은 건데, 북대문은 너무 높은 곳에 있으니 말이다.

북대문은 너무 높은 곳에 있어서 사람들의 왕래가 거의 없었다고 한다. 그래서 북대문처럼 사용된 것이 혜화문이었다. 대학로에 있는 혜화 로터리에서 북쪽을 바라보면 서 있는 문이 바로 혜화문이다. 북대문은 재미있는 이야기가 전해진다. 이 문을 열어 놓으면 서울에 있는 여자들이 바람이 든다는 것이다. 그래서 늘 닫아 두곤 했다.

"오늘 너희 진짜 옛날 서울 구경했다. 바로 서울 성곽 안쪽이 600년 전부터 이어온 서울이거든."

부르도크는 멀리 보이는 고층 빌딩을 내려다보며 말했다. 다음 미션을 수행할 장소는 어디일까? 오공이는 다음 목적지가 궁금해졌다.

여행 안내

- **가는 방법 :** 지하철 4호선 혜화역 혹은 3호선 안국역에서 하차 후 마을버스 탑승
- **여행 코스 :** 흥인지문-낙산, 숭례문-남산, 인왕산, 창의문-숙정문-혜화문
- **함께 알아보기**
  - 성문의 역할 조사하기
  - 성곽의 주요 시설 알아보기
  - 봉수대의 중요성 알아보기
- **함께 관람하기**
  - N서울타워(02-3455-9277)
  - 안중근 의사 기념관(02-771-4195)

남산 케이블카

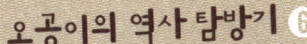

오공이의 역사 탐방기 ⑥

서울 600년을 한눈에 서울 성곽

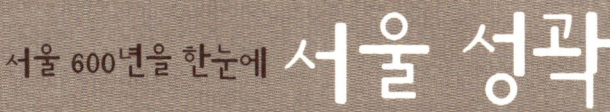

    서울 성곽은 가까워서 만만히 봤던 코스지만 의외로 힘들었다. 600년 서울을 둘러싸고 있는 성곽 길에는 낙산과 인왕산 등 작은 산도 많고, 숭례문과 흥인지문, 봉수대 등 다양한 문화재도 있었다. 우리나라에 쳐들어 온 간첩들과 치열한 전투를 벌였던 흔적도 있었다. 무엇보다 서울 성곽 길에는 아름다운 곳들이 많았다. 서울에 숨어 있는 절경이라고 할 수 있을 것 같다. 부르도크 때문에 수많은 계단을 오르내리며 지옥 훈련을 한 기분이었지만 집에 오자마자 또 가고 싶어지는 신기한 매력을 지닌 곳이 바로 서울 성곽이었다.

◯ 봉화를 어떻게 피웠을까?

    남산에 가면 봉수대가 남아 있다. 봉수대는 옛날 지방 각지에서 올라오는 신호를 접수하던 곳이다. 가장 궁금한 것은 봉수대에 봉화가 다섯 개나 있는데, 어떤 상황일 때 몇 개를 피우느냐 하는 것이었다. 부르도크에 의하면 한 개를 피우면 아무 일이 없는 것이고, 두 개를 피우면 적이 나타났다는 신호였다고 한다. 세 개는 적이 국경선에 다가올 때, 네 개는 적이 국경을 넘어올 때 피웠고, 다섯 개를 모두 피우면 전쟁이 일어났다는 뜻이었다. 임진왜란 때에는 아마 매일 다섯 개씩 피우지 않았을까?

왜 인왕산 하면 '호랑이'일까?

이크! 서울에도 호랑이가 살았다니! 정말 놀라웠다. 옛날에는 인왕산에 호랑이가 많이 살아서 궁궐 담을 넘어와 난리를 치기도 했다고 한다. 이번에 서울 성곽 인왕산 길에 가 보니, 길이 온통 바위로 뒤덮여 있어서 호랑이가 나타났더라도 도저히 잡을 수 없을 것 같았다. 인왕산 길 코스 끝에는 팔숙이가 좋아하는 윤동주 시인의 공원도 있었다. 그곳에서는 서울의 전경이 한눈에 내려다보였다.

북대문을 사용하지 않은 이유는?

서울에 북대문이 있다는 사실은 부르도크 탐험대에 들어오지 않았더라면 아마 계속 모르고 지냈을 것이다. 북대문의 정식 명칭은 숙정문인데, 예전에 간첩들이 침투한 뒤로 일반인들에게 개방되지 않아서 더욱더 베일에 싸인 곳이다. 무엇보다 북대문은 높은 산 위에 있어서 사람들이 왕래를 잘 하지 않았다고 한다. 북대문을 보고 와서 아빠에게 북대문을 아시냐고 여쭤 보니 아빠의 반응은 "야, 그런 게 어디 있니?"였다. 아빠, 서울엔 분명히 북대문이 있다고요!

다음에 꼭 가 봐야지!

부암동 백사실 계곡

인왕산에서 북악산으로 이어지는 성곽 길을 따라가다 보면 근처에 부암동 백사실 계곡이라는 팻말이 보인다. 언젠가 텔레비전에서 백사실 계곡을 소개했는데, 서울에서는 드물게 깊은 계곡이라고 한다. 개구리와 도롱뇽도 살고 있다고 했는데……. 성곽 길이 너무 오르막이라 지쳐서 도저히 갈 수가 없었다. 다음에는 부르도크 탐험대와 부암동 백사실 계곡을 탐험해 봤으면 좋겠다.

7 서울 아차산
고구려의 보루를 탐험하라

서울에서 고구려의 유적을 만날 수 있을까? 놀랍게도 사실이다. 아차산에 있는 보루는 남한에 있는 고구려 관련 유적으로, 당시 고구려 국경의 군사 시설을 살펴볼 수 있는 중요한 유적이다. 지하철 5호선을 타고 아차산역에 내려서 삼국 시대에 쌓은 아차산성과 보루를 관찰하고, 그곳에서 발견된 고구려 유물들도 함께 만나 보자..

5-1 사회 1. 하나된 겨레 ③ 삼국의 성립과 발전

부르도크의 다음 행선지는 5호선 아차산역이었다.

"오늘은 고구려를 탐험한다."

부르도크는 골목으로 들어서면서 엉뚱한 말을 했다.

"고구려 유적지는 북한에 있잖아요?"

오공이가 질문을 하자 팔숙이도 '맞아!' 하고 맞장구를 쳤다.

"저것 안 보이니?"

부르도크는 담벼락을 가리켰다.

"어? 진짜잖아?"

오공이는 놀라고 말았다. 담벼락에는 사람들이 춤을 추는 벽화가 그려져 있는데, 교과서에서도 본 적이 있는 고구려 고분 벽화가 틀림없었다.

"여기가 고구려 고분이었어?"

팔숙이는 멍한 표정으로 담벼락 주변을 둘러보았다. 담장 너머로 보이는 것은

광장동 골목길에서 만난 고구려 무용총 벽화

학교였다.

골목 끝은 산으로 이어져 있었다. 동네 주민들이 다니는 산책로 같았다. 뒷동산 같은 곳을 지나니 넓은 공원이 나타났다.

"아차산 생태 공원이다. 저기 인어 공주가 기다리는군."

부르도크의 말대로 연못 안에 인어 공주상이 놓여 있었다.

도심 속의 인어 공주상

바보 온달과 평강 공주를 찾아라

부르도크는 공원에 들어서자 미션을 발표했다.

"바보 온달과 평강 공주를 찾아라. 이 근처 어딘가에 있어."

부르도크의 말이 끝나자마자 오공이는 눈을 부릅뜨고 주변을 한 바퀴 둘러보았지만 탐험대 아이들 외에는 아무도 없었다.

"쳇! 바보 온달과 평강 공주가 왜 여기 있어? 북한에나 있지."

오공이는 바보 온달과 평강 공주 이야기를 떠올리며 중얼거렸다.

평강 공주는 어릴 때 울보였고, 아버지인 평원왕(재위 559~590)은 그런 공주에게 자꾸 울면 바보 온달에게 시집 보내 버린다며 농담을 하곤 했다. 16세가 되어 평원왕이 평강 공주를 다른 사람에게 시집 보내려고 하자, 평강 공주는 보물을 들고 뛰쳐나와 바보 온달과 결혼했다. 그리고 바보 온달을 고구려 최고의 장군으로 만들었다.

"혹시 저 안에 있는 것 아니야?"

팔숙이는 공원 중간쯤에 있는 건물로 다가가며 말했다. 오공이는 팔숙이를 따라갔다. 건물 입구에는 '고구려 역사 홍보관'이라고 씌어 있었다.

바보 온달과 평강 공주상. 보호색을 띠어 잘 보이지 않으므로 자세히 봐야 보인다.

"뭐야? 기와뿐이잖아?"

내부에는 와당 몇 점이 전시되어 있었다.

다시 건물 밖으로 나와 산으로 가는 길로 향했다. 만남의 광장에 이르니 아차산 안내판이 보였다. 그런데, 누군가 자꾸 나무 울타리 너머에서 기웃거리는 느낌이 들었다.

"누구지?"

오공이는 이상한 느낌이 드는 곳으로 발걸음을 옮겼다. 순간 오공이는 '으앗!' 하고 짧게 비명을 질렀다. 나무 사이에 바보 온달과 평강 공주 동상이 서 있었던 것이다. 동상은 나뭇잎과 비슷한 색깔이라서 눈에 잘 띄지 않았다.

"으하하하, 이런 걸 보호색이라고 하지!"

오공이는 휴대 전화를 꺼내 인증 샷을 찍고 재빨리 만남의 광장으로 돌아왔다.

그때 팔숙이가 가까이 다가오더니 핸드폰을 꺼내 들었다.

"안 되겠어! 이렇게라도 해야지."

팔숙이는 자신의 얼굴을 오공이 얼굴에 바짝 대더니 '찰칵' 하고 사진을 찍었다. "왜 이래?"

오공이는 화들짝 놀라서 물었다.

"인증 샷! 넌 바보 오공, 난 팔숙 공주! 호호호!"

아차산은 왜 아차라고 부를까?

"바보 온달이 죽은 곳이 바로 여기야."

부르도크는 바보 온달과 평강 공주 동상이 왜 아차산에 있는지 설명했다.

바보 온달은 평강 공주와 결혼한 뒤 고구려의 장군이 되었다. 당시 고구려와 신라, 백제는 한강을 두고 전쟁을 일삼았다. 온달은 전쟁에 참가해 신라군을 무찌르며 단양까지 진격했다. 그러나 이후 신라군이 반격해 쫓겨 왔고, 아차산에 이르러 적군에게 죽음을 당하고만 것이다.

"아차! 내 정신 좀 봐! 미션 내야지."

부르도크는 한참 설명하다가 미션을 냈다.

"왜 이 산을 아차산이라고 부를까? 이번엔 상상력을 테스트하는 미션이다."

오공이는 뭔가 번쩍 떠오르려다가 말았다. 분명 어디선가 들은 것 같기도 한데 기억이 나질 않았다.

"아차! 깜빡했다. 힌트 줄게."

부르도크의 힌트는 다음과 같았다.

조선 명종 때 홍계관이라는 점쟁이가 하도 점을 잘 쳐서 임금의 귀에까지 들어갔다. 명종은 미리 쥐 두 마리를 궤짝에 넣어 놓고 홍계관을 불러서 물어보았다.

"이 안에 든 쥐가 몇 마리인가?"

아차산에서는 서울 서쪽 부근이 한눈에 들어온다.

홍계관은 잠깐 고개를 갸웃거리더니 말했다.

"모르겠사옵니다."

잔뜩 기대했던 명종은 화가 잔뜩 나서 명령을 내렸다.

"당장 이 녀석의 목을 베어라!"

홍계관이 끌려간 뒤 명종은 이상한 생각이 들었다. 족집게 점쟁이가 쥐 두 마리쯤을 왜 못 맞췄을까? 명종은 의관을 불러 쥐의 배를 갈라 보게 했다. 그런데, 뱃속에 새끼들이 여러 마리 들어 있는 것이 아닌가!

순간 명종은 자신의 섣부른 판단을 후회하며 홍계관을 도로 데려오라고 명령했다. 그러나 이미 홍계관은 저세상 사람이 된 뒤였다.

"자신의 잘못을 깨달은 명종이 어떤 말을 했는지가 정답이지."

부르도크는 빙긋이 웃으며 말했다.

"임금님이 한 말이요?"

팔숙이는 '무슨 힌트가 이래?' 하는 표정으로 중얼거렸다.

오공이는 이상하게 손이 허전했다. 들고 있어야 할 휴대 전화가 없었다.

"아차!"

바보 온달과 평강 공주 동상 아래에 전화기를 놓고 온 게 기억이 나서 돌아서려는 찰나였다.

"맞았어! 정답!"

부르도크의 말이었다.

"그래서 홍계관이 죽은 이 산을 아차산이라고 했다."

"엥? 진짜요?"

팔숙이는 어이없는 표정으로 물었고,
오공이는 "아싸!" 하면서 팔짝팔짝 뛰었다.

명품 소나무

"아차! 실수했다. 그건 뺑이야! 으하하하!"

부르도크가 호탕하게 웃었다. 그런 이야기가 전해지긴 하지만 '아차'는 이미 고려 시대에 쓰여진 《삼국사기》에 나오는 지명이란다. 신라에서는 이 지역을 아차 또는 아단이라고 표기했다. 또한 조선 시대에 쓰여진 《고려사》에도 아차산이라는 이름이 나온다고 한다.

"이번 미션은 명품 소나무 찾기야. 출발!"

부르도크의 말이 떨어지자마자 아이들은 주변 나무를 두리번거리기 시작했다.

"쳇!"

오공이는 심드렁해졌다. 산에 소나무가 어디 한두 그루인가. 사방이 소나무로 가득한데 여기서 명품 소나무를 어찌 찾나 싶어 한숨이 나왔다.

"저 위에서 내려다봐야겠다."

팔숙이는 정자를 가리켰다. 커다란 바위 위에 고구려정이 있었다. 위로 올라가니 서울의 동쪽 부분이 한눈에 훤히 들어왔다. 정자가 서 있는 바위는 크기가 어마어마했다. 수백

고구려의 기상이 느껴지는
고구려정

독특한 형태를 지닌 아차산 명품 소나무

미터나 아래로 이어져 있었다. 바위 주변에는 나무들이 울창하게 서 있었다. 하지만 명품 소나무인지 아닌지는 도저히 알 수가 없었다.

정자에서 내려와 산 위로 올라가 보았다.

"저 나무는 왜 저렇게 생겼을까?"

팔숙이가 길가에 서 있는 이상한 나무를 가리켰다. 나무는 보통 위로 쭉쭉 자라지만 옆으로 퍼지면서 자라는 것도 있다. 소나무는 위로 자라는 나무이다. 그런데 그 소나무는 이상하게도 옆으로 가지가 많이 뻗어 있었다.

오공이는 나무 밑으로 다가가서 살펴보았다. 나무 기둥 중간쯤에 뒤집어진 팻말이 보였다. 오공이는 팻말을 뒤집어 보았다. 순간 "헉!" 하고 놀라고 말았다. '명품 소나무 1호'라고 씌어 있었던 것이다.

"어쩐지……."

팔숙이는 고개를 끄덕였다.

나무 모양이 아름다우면서도 다른 소나무와는 달리 밑동에서 줄기가 많이 나와 있었다. 그래서 광진구청에서 명품 소나무로 선정했다고 한다. 과연 명품이라는 이름이 아깝지 않은 나무였다.

"저 위에도 한 그루 더 있어."

등산객으로 보이는 아저씨가 위쪽을 가리켰다. 위에 있는 것은 명품 소나무 2호라고 한다. 그 소나무도 명품 소나무답게 그 자태가 우아하면서도 아름다웠다.

더 알아보기

아차산성

아차산에는 약 1,000미터 길이의 돌로 쌓은 산성이 남아 있다. 삼국 시대 산성으로 백제와 고구려, 그리고 신라가 번갈아가며 소유했다고 한다. 475년에 장수왕이 개로왕을 사로잡아 이 산성에서 죽였으며, 온달 장군이 신라군과 싸우다가 이 산성에서 전사했다고 한다. 사적 234호로 지정되었으며, 산성 내 보루에서는 고구려 유물 1,000여 점이 발굴되었다.

아차산성의 돌은 일반 석성과는 달리 크기가 작다.

1천4백 년 전 고구려 병사들이 진을 치고 있던 보루

고구려 보루는 어떻게 생겼을까?

"이번 미션은 '고구려 보루를 찾아라.'야. 자, 출발!"

부르도크는 산을 가리켰다. 능선을 따라 길이 죽 이어졌다. 한참을 오르니 길가에 울타리를 쳐서 출입을 막은 곳이 보였다. 이상했다. 아무리 봐도 그저 평범한 언덕처럼 보이는데 왜 울타리를 쳐 놓은 것일까?

"왜 막았지?"

오공이는 슬쩍 울타리를 넘어갔다. 언덕을 오르니 넓은 공터였다.

"우와, 잔디 운동장이잖아!"

팔숙이는 두 팔을 높이 들고 펄쩍펄쩍 뛰었다.

"너희 여기서 뭐하고 있니?"

반대쪽에서 어떤 아저씨가 올라오며 말했다.

"여기서 뛰어놀면 안 돼. 여기는 '보루'라는 고구려 유적지란다."

아저씨의 말에 오공이는 재빨리 휴대 전화를 꺼내서 사진을 찍었다.

"그런데 보루가 뭐예요?"

팔숙이는 겸연쩍은지 질문을 했다.

아저씨는 "보루란 말이다."라며 잔디밭에 앉아서 이야기를 이어갔다.

보루는 옛날에 군사들이 머물던 진지를 말한다. 강화도에 가면 돈대나 진, 보가 있는데, 보루는 주로 산에 쌓는 진지이다. 적의 침입을 막기 위한 목적이므로, 돌로 튼튼하게 쌓는다. 주위를 살피기 좋도록 높은 곳에 설치하는데, 아차산 주위에는 보루가 10여 군데나 있다. 대부분 고구려

군사들이 설치한 것으로 사적 455호로 지정되어 있다.

"고맙습니다."

인사를 하고 일어서려고 했다.

"잠깐! 더 들어라."

아저씨는 계속 말을 이어갔다.

"아차산 보루에서는 고구려 유물이 많이 발굴되었어. 토기 류가 100여 점, 철기 류는 30여 점, 철제 무기들은 100여 점, 홍련봉 보루에서는 아궁이까지 발굴되었지."

"정말 감사합니다."

오공이는 인사를 하고 일어섰다.

"아직 안 끝났다!"

이번에는 버럭 소리를 질렀다. 오공이와 팔숙이는 움찔 하며 다시 주저앉았다.

"이 유적지는 아주 중요해."

아저씨는 유적지의 중요성에 대해 설명했다.

남한 땅에는 고구려 유적이 거의 남아 있지 않다. 그래서 중국에서는 고구려의 역사를 중국의 역사라고 우기기도 한다는 것이다. 그것을 '동북공정'이라고 한다. 중국은 2004년에 고구려 유적지를 유네스코에 문화유산으로 등재했고, 고조선과 발해의 역사도 중국 역사에 편입시키려고 노력중이다.

"어머! 그건 진짜 좀 아니지 않나요?"

팔숙이는 제자리에서 펄쩍 뛰었다.

"그러니까 어떻게 해야겠니? 너희가 공부를 열심히 해서 우리 역사를 지켜야 해."

그때였다.

"오공아, 팔숙아, 어디 있니?"

부르도크의 목소리가 보루 아래에서 들려왔다.

"이제 가 보렴."

아저씨는 일어서며 바지를 툴툴 털었다.

"미션 해결했어요."

오공이 말에 부르도크는 잔뜩 찡그린 얼굴로 말했다.

"앞으로 내 눈 앞에서 사라지지 않도록!"

여행 안내

⊙ **가는 방법 :** 지하철 5호선 광나루역 혹은 아차산역

⊙ **여행 코스 :** 광나루역 – 아차산 생태 공원 – 고구려정 – 보루

⊙ **함께 알아보기**
  - 삼국 시대 때 한강의 중요성에 대해 알아보기
  - 아차산에서 출토된 고구려 유물 조사하기
  - 생태 공원 야생화 관찰하기

⊙ **함께 관람하기**
  - 아차산 생태 공원(02-450-1192)

오공이의 역사 탐방기 ⑦
고구려 유적지를 찾아 떠난 서울 아차산

서울에서 고구려를 만나다! 서울 아차산은 옛날 삼국 시대 때 격전지였다고 한다. 특히 고구려가 성을 쌓고 백제와 전투를 치른 곳이며, 신라와 싸울 때에도 본거지로 삼은 곳이라고 한다. 지금도 아차산성과 옛날 고구려 군사들이 설치한 보루가 남아 있고, 와당과 토기 파편 등 유물도 많이 발굴되었단다. 이렇게 가까운 곳에 고구려 유적지가 남아 있다니 놀라웠다. 중국이 고구려를 자기네 나라 역사에 포함시키려고 한다고 하는데 이건 정말 말도 안 되는 소리다. 고구려의 역사는 누가 뭐래도 우리 역사인데 말이다.

◆ 바보 온달이 아차산에 온 이유는?

바보 온달과 평강공주 이야기는 책으로 읽었는데 참 재미있었다. 아차산 보루를 여행하며 다시 한 번 그 이야기를 들을 수 있었다. 바보 온달은 평강공주를 만나 고구려에서 최고로 용맹한 장군이 되었는데, 바로 이곳 아차산 일대에서 신라와 싸우다가 장렬히 전사하고 말았다. 바보 온달하면 왠지 팔숙이 생각이 난다. 바보 팔숙이가 나, 오공이를 만나서 여장부가 된 것 같다고나 할까~!

◯ 아차산 고구려 보루는 왜 중요할까?

　　아차산 보루를 오르는 것은 제법 힘들었다. 높은 산은 아니지만 땀이 흠뻑날 정도였으니 말이다. 보루에 오르니 주변 일대가 훤히 보였다. 유유히 흐르는 한강과, 강 건너 서울 남동쪽 일대가 한눈에 다 들어왔다. 이런 곳에서 옛 고구려 장군이 건너편의 백제를 관찰한다면? 적군을 낱낱이 감시해서 싸움에서 승리할 수 있을 것 같다는 생각이 들었다. 아차산 보루는 고구려를 대표하는 유적으로, 고구려 역사를 자기네 역사로 편입시키려 하는 중국의 주장인 '동북공정'이 얼마나 잘못된 것인지를 증명하는 것이기도 하다.

◯ 아차산에서 발굴된 고구려 유물은?

　　아차산에는 아차산성과 보루 등 고구려 유적지가 여럿 남아 있다. 이들 유적지에서는 갖가지 유물이 발굴되었는데, 고구려 와당이나 토기 파편이 가장 많이 출토되었다고 한다. 이밖에도 철로 된 무기류도 나왔고 옛날 군사들이 집을 지은 흔적인 아궁이까지 발견되었다고 한다. 아차산을 탐험해 보니 꽤 넓은 지역이라서 더 많은 유물이 나올지도 모른다는 생각이 들었다.

아차산 해돋이

아차산에 오르면 경치가 참 좋다. 명품 소나무도 있고, 한강도 훤히 내려다보인다. 또 이곳은 서울에서 해가 가장 먼저 뜨는 곳이라고 한다. 그래서 매년 새해 첫날에는 수많은 사람들이 모여서 해돋이 축제를 연다. 오공이가 이런 데 빠질 수 없지! 2015년 1월 1일에는 가족들과 함께 아차산에서 새해 첫날을 맞이하고 싶다. 잠꾸러기 아빠가 제 시간에 일어나실지가 벌써부터 걱정이네.

8
철원 한탄강
한탄강의 비밀을 풀어라

강원도 평강에서 시작해 철원과 연천을 거쳐 전곡에서 임진강과 만나는 한탄강은 휴전선을 가로질러 흐른다. 때문에 민족 분단의 아픔을 간직한 강으로 여겨지기도 한다. 또한 백정의 아들로 태어나 가난한 사람들을 도왔던 의적 임꺽정의 전설이 깃든 곳이기도 하다. 이런저런 사연이 많기로 유명한 한탄강에는 또 어떤 비밀이 숨어 있을까?

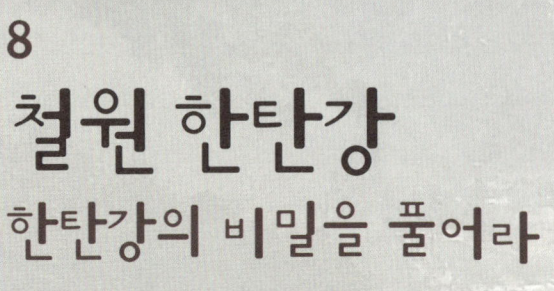

한탄을 많이 해서 한탄강일까?

한탄강에 얽힌 비밀을 우리가 풀어 보자!

2-2 바른생활 3. 통일을 향해서
5-1 사회 2. 다양한 문화를 꽃피운 고려 ① 후삼국 통일
6-1 사회 3. 지형과 우리 생활

❖

"쾅! 쾅!"

팔숙이는 다리가 무너져라 발을 굴러댔다.

"팔숙아, 제발 그러지마."

오공이는 다리 위에 바짝 엎드려서 부들부들 떨었다.

"겁쟁이! 다리가 무너질까 봐 겁나?"

팔숙이는 혀를 낼름거리며 오공이를 약 올렸다.

"아니 이런 구닥다리 다리를 왜 철거하지 않은 거죠?"

가까스로 다리를 건넌 뒤, 오공이는 부르도크를 향해 외쳤다. 난간도 제대로 설치돼 있지 않은 허술한 다리였다. 한 번 삐끗하면 10미터 아래 한탄강으로 다이빙을 할 것 같았다.

"하하하! 이 다리는 함부로 철거할 수 없는 문화재거든."

부르도크는 다리 이야기를 꺼냈다. 다리의 이름은 승일교였다. 등록문화재 26호로, 우리나라의 초대 대통령인 이승만의 '승' 자와 북한 김일성의 '일'자를 따서 다리의 이름을 지었다는 설이 있다. 북한은 한국 전쟁 이전부터 공사를 시작했으나 다리를 완공하지 못했다. 전쟁이 끝난 뒤, 우리나라가 나머지를 건설했다. 남한과 북한이 다리의 절반을 나눠 지은

절반은 북한이, 나머지는 우리나라가 완성한 승일교

셈이다.

"두 나라가 지은 다리라니, 정말이에요?"

오공이의 눈이 휘둥그레졌다.

"한국 전쟁 때 활약했던 박승일 장군의 이름을 따서 승일교라고 했다는 설도 있어."

또 이 강을 흔히 '콰이강의 다리'라고 부른다고도 한다.

"콰이강? 그게 뭐죠?"

팔숙이가 물었다. 다리 밑에 흐르는 강의 이름은 한탄강인데, 콰이라는 이상한 이름이 붙다니 말이다.

"음, 너희들에겐 까마득한 옛날인 1957년에 개봉한 전쟁 영화의 제목

이야. 그 영화에 나오는 다리처럼 생겨서 붙여진 별명이지. 나중에 기회가 되면 영화 〈콰이강의 다리〉를 챙겨 보렴. 역사 공부가 될 거야."

승일교를 건너 포장된 도로를 걸어가다 보니 왼쪽에 커다란 기와 건물이 보였다. 건물 주변에는 비행기와 탱크, 대포들이 금세라도 적을 향해 돌진할 것처럼 놓여 있었다.

"이곳은 철의 삼각 지대 전시관이다. 관람 질서 잘 지키도록!"

부르도크의 말에 아이들은 "네!" 하며 우르르 안으로 들어갔다.

전시관 안에는 한국 전쟁 때 국군과 북한군이 사용했던 여러 가지 물품들이 전시되어 있었다. 또 북한 사람들의 생활을 엿볼 수 있는 전시물도 많이 있었다.

왜 철의 삼각 지대일까?

"참, 미션 안 냈지? 여길 봐라."

부르도크는 손으로 지도 한 장을 가리켰다.

"강원도 철원과 김화, 그리고 평강, 이 세 곳을 연결하면 삼각형이다. 이것을 철의 삼각 지대라고 한다. 왜 그렇게 불렀을까? 이게 미션이야."

"철원의 '철' 자를 딴 게 아닐까?"

팔숙이는 단순하게 말했다. 하지만 부르도크가 그렇게 단순한 미션을 냈을 리가 없다. 오공이는 혹시 이 세 곳에서 철이 많이 생산되지 않을까

철의 삼각 지대 전시관 안에는 북한의 실상을 알 수 있는 전시물이 전시되어 있다.

하고 생각해 보았다. 하지만 벽에 '철원의 오대쌀! 철원 평야에서 나옵니다.'라는 포스터를 보니 철원 하면 쌀이 유명한 것 같았다.

"한번 재 보자."

팔숙이는 어디에서 가져왔는지 줄자로 각 지점을 재 보았다. 그때였다.

"너희들, 철의 삼각 지대가 궁금하니?"

구세주처럼 관리인 아저씨가 나타났다.

"도대체 왜 여기를 철의 삼각 지대라고 하는 거예요?"

팔숙이가 기대에 찬 표정으로 물었다.

"한국 전쟁 때였어."

아저씨는 이야기를 시작했다.

이들 세 지역은 한국 전쟁 때 치열한 전투가 벌어진 곳이었다. 철원 평야는 강원도에서 쌀이 가장 많이 나는 곡창 지대라서 국군과 북한군이 서로 차지하려고 싸운 것이다. 그런데, 이 지역은 한 번 빼앗기면 다시 되찾는 게 쉽지 않았다. 얼마나 단단하게 지키는지 철과도 같았다.

"그래서 철의 삼각 지대라고 불렀단다."

미션이 해결되자 오공이와 팔숙이는 "아, 알았다!"라며 자리를 박차고 일어나려 했다.

"아, 설명이 아직 남았어."

아저씨는 아이들을 붙잡았다.

"뭔데요?"

"그때 전투로 1만 명이 넘는 사람들이 죽었고······."

오공이는 얼른 "감사합니다." 하고는 돌아섰다. 얼른 미션을 해결하고 다음 단계로 넘어가고 싶었기 때문이다. 그때 뒤에서 부르도크가 덧붙였다.

"철의 삼각 지대 중 철원은 우리나라가 차지했고, 김화는 북한이 차지했어. 그리고 중간의 평강은 남북한이 딱 반으로 나누어서 차지했지."

임꺽정의 꺽은 물고기의 꺽

전시관 뒤편에는 기념품을 파는 가게들이 죽 늘어서 있었다. 철원에서 가장 유명한 관광지인 고석정 입구라서 그렇다. 고석정은 한탄강 가에 있는 옛 정자로 신라 진평왕 때 처음 지어졌다고 한다.

"고석정? 그런데 왜 안 보이지?"

팔숙이는 작은 눈을 최대한 크게 뜨고 두리번거렸다.

"저 아래로 내려가야 해."

부르도크는 계단을 가리켰다.

계단을 몇 개 내려가니 한탄강이 보였다. 고석정은 내려가는 길목에 있었다.

고석정 입구에 있는 임꺽정 동상

절경으로 이름난 고석정. 가운데 우뚝 솟은 바위가 임꺽정의 은신처였다고 한다.

고석정에 오르자 주변 경치가 한눈에 들어왔다. 푸른 강물과 기암절벽이 어우러진 모습이 한 폭의 동양화 같았다.

"저곳에 작은 굴이 있는데, 임꺽정이 숨곤 했대. 너희들 임꺽정이 누군지 아니?"

부르도크가 한탄강 주변에 절묘하게 솟아 있는 바위를 가리키며 물었다. 바위 위에는 나무들이 자라고 있는데, 동굴인지 뭔지는 몰라도 나무 사이에 뭔가 있는 것 같았다.

오공이는 씩 웃었다. 임꺽정 이야기는 책에서 읽은 적이 있었다. 임꺽정은 도둑이지만 나쁜 사람들의 재산을 훔쳐서 가난한 사람들에게 나눠 주었다고 한다.

"임꺽정은 의적이잖아요?"

"그래. 맞았어! 자, 미션 들어간다. 임꺽정의 이름은 본래 거정이었다. 나중에 꺽정으로 바꾸었지. 왜 바꿨을까?"

쉽지 않은 미션이다.

팔숙이는 잠시 고민하더니 말했다.

"도둑질한 게 들킬까 봐 걱정되니까 '꺽정'이라고 한 거 아닐까?"

엉뚱한 발상이지만 왠지 그럴싸했다. 하지만 부르도크가 그렇게 단순한 미션을 냈을리 없다.

강에서 아저씨 몇 분이 낚시를 하고 있었다. 미션은 나중에 해결하더라도, 무슨 고기를 잡는지 궁금해졌다.

"아저씨, 뭐 잡으세요?"

오공이는 한 아저씨에게 다가가 물었다.

"임꺽정 잡는다."

"네? 그게 무슨 말씀이에요?"

오공이는 깜짝 놀라 되물었다.

"하하하! 여기에는 임꺽정이 많아. 꺽지 말이야. 옛날에 임꺽정이 꺽지라는 물고기로 변신해서 이 강에 숨었다고 해. 그래서 이름도 꺽정이라고 했다지?"

"우와!"

꺽지에서 꺽 자를 따왔다니! 그 발상이 신기하면서도 재미있었다.

한탄강의 놀라운 비밀

강가에는 바위들이 여기저기 널려 있었다. 그런데 이상했다. 바위에는 작은 구멍들이 숭숭 뚫려 있었다.

"돌이 왜 이렇게 생겼지?"

오공이는 돌을 쓰다듬어 보았다. 구멍 때문에 우툴두툴했다.

"그것만 이상한 게 아니야. 강물이 평지보다 수십 미터 아래에서 흐른다는 것도 신기하지. 여기에는 비밀이 있어. 이번 미션은 한탄강의 비밀을 파헤치는 것이다."

부르도크는 그렇게 미션을 내고는 '고기 잘 잡히나요?'라며 낚시꾼에게

한탄강에서 흔히 볼 수 있는 현무암

한탄강 상류에서는 급류가 흐른다.

다가갔다.

"땅이 푹 꺼졌나?"

팔숙이의 말이었다. 지진이 났다면 땅이 갈라져 그 틈에 이렇게 강이 생겨났을 수도 있다.

강에는 낚시꾼만 있는 게 아니다. 두리번거리며 돌을 들었다 놨다 하는 아저씨도 한 분 보였다.

"아저씨, 뭐 하세요?"

오공이의 질문에 아저씨는 오공이와 팔숙이를 번갈아 바라보더니 팔숙이 머리에 시선을 멈추었다.

"음, 최고다!"

"뭐가요?"

팔숙이는 궁금해하며 물었다.

"정말 괜찮군. 난 좋은 돌을 금방 알아보지. 수석 수집가거든."

"윽!"

팔숙이의 비명에 오공이는 "으하하하!" 하고 신 나게 웃어 댔다.

그때 오공이의 머릿속에 문득 구멍 난 돌이 떠올랐다.

"그런데 아저씨, 여기 있는 돌들은 왜 저렇게 생겼나요?"

오공이가 가리키는 돌을 보던 아저씨는 '으이구~' 하며 말했다.

"그건 현무암이다. 제주도에 가면 널려 있어."

"현무암이요?"

"옛날에 용암이 흘렀던 흔적이지."

오공이는 고개가 왼쪽으로 45도쯤 기울어졌다.

"이 강에 왜 용암이 흘러요?"

"예전에 화산이 폭발했거든. 여기서 조금 더 가면 북한 땅인 평강이 나와. 평강에는 오리산이라고 있는데, 이 산이 옛날에 화산이었지. 오리산이 폭발하면서 이런 지형이 생겨난 거야. 그래서 한탄강이 평지보다 아래로 흐르게 되었고, 철원과 평강 일대는 온통 용암으로 뒤덮였단다. 시간이 흐르면서 풍화되고 침식된 화강암이 현무암 위로 퇴적되면서 넓은 평야가 형성됐어. 그곳이 바로 철원 평야지."

미션 해결! 정말 놀라운 한탄강의 비밀이다.

"아저씨, 그런데 그걸 어떻게 증명하죠?"

팔숙이는 의심스러운 듯 물었다. 돌머리라고 놀림을 당해서 여전히 삐친 상태였다.

"내가 수석을 채집한 지 올해로 30년 째다! 웬만한 돌이나 땅은 다 뒤졌지. 그런데, 정말 훌륭해!"

아저씨는 돋보기를 꺼내 팔숙이의 머리를 들여다보는 시늉을 했다.

"그만하세욧!"

팔숙이는 손사래를 쳤다. 오공이는 옆에서 배를 잡고 깔깔댔다.

주상절리를 찾아라

"도대체 화산이 폭발한 걸 어떻게 알았지?"

부르도크는 툴툴거렸다. 그리고 덧붙였다.

철원 평야는 평지지만 해발 200미터의 높은 곳에 위치한다. 그만큼 많은 양의 용암이 이곳을 뒤덮었다는 것을 알 수 있다. 한탄강은 평지보다 30~40미터 아래를 흘러간다.

"제주도에 있는 주상절리가 이곳에도 있지."

주상절리는 용암 때문에 바위들이 각이 지면서 길쭉하게 갈라지는 것을 말한다. 제주도의 주상절리는 육각형이 뚜렷한데, 이곳에도 그보다는 못하지만 분명 주상절리가 있다고 한다.

"이번 미션은 '주상절리를 찾아라.'야."

한탄강은 평지보다 수십 미터 아래로 흐른다.

부르도크의 말에 오공이는 강 양쪽의 벼랑을 훑어보았다. 규칙적으로 갈라진 부분이 있다면 주상절리일지도 모른다. 하지만 그저 깎아지른 벼랑일 뿐이었다.

강을 따라 상류로 올라가 보았다. 강폭은 그렇게 넓지 않았다. 그리고 여름이 아니라서 물도 많은 편은 아니었다. 그러나 한여름에 비라도 내리면 물이 가득차서 강이 무척 세차게 흐른다고 한다. 그래서 한탄강에서 야영을 하다가 밤에 내린 비로 실종되는 일도 자주 일어난다고 한다.

"그래서 가족들이 한탄한다고 한탄강이지!"

부르도크의 말에 팔숙이는 "정말이에요?" 하고 되물었다.

"으하하! 사실은 옛날 궁예라는 사람이 한탄한 곳이라서 한탄강이라는 설이 있어.”

부르도크는 궁예에 대해 설명했다.

궁예(857?~918)는 후고구려를 세운 인물이다. 처음에는 철원에 태봉이라는 나라를 세웠다. 처음 왕이 되었을 때에는 그를 따르는 신하가 많았다. 그러나 궁예는 왕의 자리에 오른 뒤 폭군으로 변했다. 그래서 사람들은 왕건(고려 태조, 877~943)을 새로운 왕으로 추대했고, 궁예는 왕건에게 쫓겨 이 강가까지 도망을 왔다. 강가에 이르러 돌을 보았는데, 돌에는 전부 구멍이 뚫려 있었다. 그래서 궁예는 이렇게 한탄했다.

'이 돌처럼 내 운명도 다 했구나!'

"궁예가 그렇게 한탄했다고 해서 강 이름이 한탄강이라는 거야."

부르도크는 그렇게 말하고는 소리를 쳤다.

"오공아, 거기 벌레!"

오공이는 돌 위로 발을 옮기려다 부르도크의 말에 그만 발을 헛딛고 말았다. 순간 몸이 '휙' 하고 기울더니 '풍덩!' 하고 강에 빠지고 말았다.

"으하하하!"

부르도크의 웃음소리가 강물 소리보다 크게 들렸다.

"아, 진짜!"

오공이는 몸을 일으키며 머리를 좌우로 흔들어 물을 털어냈다. 그런데, 건너편에 이상한 무늬가 보였다. 거무스름한 돌들이 규칙적으로 갈라져 있었다. 뚜렷한 육각형은 아니지만 주상절리가 분명했다. 오공이는 물을 털면서 자기도 모르게 씩 웃었다.

용암의 흔적인 주상절리

"으ㅎㅎㅎ!"

"어? 오공이 쟤가 왜 저러지? 물에 빠지더니 뭐가 잘못됐나?"

팔숙이는 어리둥절했다.

나이아가라 폭포 찾기

"너를 못 지켜 줘서 미안해."

팔숙이는 시무룩하게 말했다.

"알았어. 앞으로 잘해!"

오공이는 그렇게 말하면서도 웃음이 났다.

그러나 부르도크는 한마디 사과도 없었다. 무뚝뚝한 표정으로 다음 미션을 낼 뿐이었다.

"마지막 미션은 '나이아가라 폭포를 찾아라.'야."

오공이는 좌우의 벼랑을 훑어보았다. 그러나 어디에도 폭포는 없었다.

"나이아가라 폭포는 외국에 있는 것 아닌가요?"

팔숙이가 물었다.

"미국과 캐나다의 국경에 있지. 하지만 여기에도 있어."

부르도크는 심술 섞인 표정으로 말했다.

강을 탐험하다 길로 올라섰다. 강을 따라 자전거 길이 나 있었다. '한

한국의 나이아가라 직탕 폭포. 폭 40미터에 높이는 4미터 정도 된다.

탕강 여울길'이라고 도보 여행자를 위한 팻말도 보였다.

"저거 한번 뛰고 갈까?"

부르도크는 다리를 가리켰다. 순간 오공이는 '으악!' 하고 짧은 비명을 지르고 말았다. 보기만 해도 무시무시한 번지점프대였다.

"와, 재미있겠다!"

팔숙이는 제자리에서 펄쩍 뛰었다. 그러나 오공이는 가슴이 쿵쾅댔다. 번지점프하다 강에 떨어지면 죽을지도 모른다는 생각이 들었던 것이다.

마침내 번지점프대 매표소에 이르렀다. 부르도크는 표를 끊으려고 매표소로 다가갔다. 그런데, 잠시 뒤 이상한 일이 벌어졌다.

"왜 나만 뛰어야 하죠?"

부르도크가 매표소 직원에게 따지듯 물었다.

"번지점프는 18세 이상만 뛸 수 있어요. 저 아이들을 뛰게 하려는 건 아니죠?"

다행히 매표소 직원은 친절했다. 오공이는 천만다행이라고 여기며 점프대 아래를 내려다보았다.

다리 위에서 바라보는 한탄강의 경치는 매우 아름다웠다.

"어? 강물이 왜 저래?"

팔숙이의 말을 듣고 자세히 보니 상류 쪽에 강물 전체가 폭포처럼 한 번 꺾여 떨어져 흐르는 것이 보였다. 오공이는 휴대 전화를 꺼내 사진을 찍었다. 나이아가라 폭포는 별명이고 진짜 이름은 직탕 폭포였다.

"으악! 사람 살려!"

잠시 뒤 번지점프대 위에서 부르도크의 비명소리가 한탄강 전체에 울려 퍼졌다.

한탄강 태봉대교의 번지점프대

여행 안내

- **가는 방법** : 동서울 – (직행버스) – 철원
- **여행 코스** : 승일교 – 고석정 – 직탕 폭포
- **함께 알아보기**
  - 화산 활동과 용암에 대해 알아보기
  - 6.25전쟁에 대해 생각해 보기
  - 궁예와 태봉에 대해 알아보기
- **함께 관람하기**
  - 철의 삼각지 전적관 033-455-3129

도보여행길 한여울길 이정표

오공이의 역사 탐방기 8

지형도 배우고, 역사도 배우고 철원 한탄강

철원 한탄강을 여행하면서는 배운 게 무척 많았다. 한탄강에 얽힌 역사와 화산 폭발과 그로 인해 생겨난 현무암 지대 이야기, 한국 전쟁 때 철의 삼각 지대를 차지하기 위해 남과 북이 치열하게 싸웠던 이야기 등등. 역사와 지형의 특징도 배우고 나라를 사랑하는 마음도 생겨난 것 같다. 아빠에게 한탄강에 대해 물어보니 대뜸 "아, 한탄강! 래프팅 하는 데야." 라고 하셨다. 아빠도 부르도크 탐험대에 가입하시면 좋을 텐데.

◐ 임꺽정과 한탄강은 무슨 관계일까?

한탄강에서 경치가 가장 아름다운 곳은 고석정이다. 지상에서 계단을 타고 내려가면 강 한가운데 우뚝 솟은 바위가 있는데, 그 바위 꼭대기에는 조그마한 굴이 있다고 한다. 임꺽정은 옛날에 한양에서 의주로 가는 길목에서 탐욕스러운 부자들의 재산을 털어 가난한 사람들에게 나눠 준 의적이다. 그런데 가끔 관군들이 잡으러 출동하면 한탄강에 잠수해 숨어 버리곤 했다. 그래서 꺽지라는 물고기의 꺽 자를 따와 임거정을 임꺽정으로 부르게 되었다고 한다. 고석정 입구에는 임꺽정 동상이 있는데, 한눈에 보기에도 무척 용맹스러워 보였다.

◐ 태봉은 어떤 나라일까?

한탄강 일대에는 태봉을 세운 궁예의 전설이 많이 남아 있다. 특히 궁예가 마지막에 왕건에게 쫓겨 한탄강에 이르러 "망했다!"며 한탄해서 한탄강이라고 불리게 되었다는 전설도 있다. 태봉은 궁예가 901년에 세워서 918년까지 지속됐던 나라이다. 궁예는 처음에는 나라를 잘 다스렸다. 하지만 점점 나라가 분열되면서 궁예는 결국 왕건에 의해 왕위에서 물러나고 말았다. 현재 북한과 마주하고 있는 군사 분계선에는 궁예가 세웠던 태봉의 궁궐 유적이 남아 있다고 한다. 나중에 꼭 가 봐야지!

◐ 제주도에 있는 돌이 한탄강에도 있는 이유는?

한탄강을 여행하며 마치 제주도에 온 듯한 착각이 들었다. 강가에 널려 있는 돌에 구멍이 숭숭 뚫려 있었기 때문이다. 제주도는 어딜 가나 이런 돌뿐인데, 이 돌을 현무암이라고 한다. 또 한탄강은 평지보다 훨씬 아래를 흘러서 마치 동굴에 흐르는 강처럼 느껴지기도 했다. 이렇게 이상한 돌과 강이 있는 이유는 화산이 폭발해 용암이 흘렀기 때문이다. 철원에서 제주도와 비슷한 지형을 만나다니 정말 신기했다.

제 2땅굴

우리나라는 아직도 남한과 북한이 서로 총을 겨누고 있다. 땅굴은 북한에서 남한을 감시하기 위해 지하에 뚫은 굴을 뜻한다. 한탄강을 둘러본 뒤 땅굴도 견학하고 싶었는데, 일정상 그러지 못했다. 다음에는 땅굴뿐만 아니라 북한 땅을 망원경으로 볼 수 있는 승리전망대도 둘러봐야겠다.

다음에 꼭 가 봐야지!

9
순천 순천만
갈대밭과 갯벌의 추억 쌓기

순천만은 전라남도 순천시와 여수시에 걸쳐 있는 드넓은 만이다. 남서해안으로 연결되는 세계 5대 갯벌의 일부분으로, 철새와 바다 생물들의 보금자리로 유명하다. 갯벌에 펼쳐지는 드넓은 갈대밭과 해질녘의 붉은 노을은 어디에서도 보기 힘든 절경을 이룬다. 자연의 아름다움을 느낄 수 있는 순천만에서 자연을 체험하고 멋진 추억도 담아 보자.

6-1 사회 3. 지형과 우리 생활
6-1 과학 4. 생태계와 환경

"으아, 무슨 사람이 이렇게 많아?"

오공이는 입이 떡 벌어졌다. 표를 끊는다며 인파 속으로 사라진 부르도크는 보이지도 않았다.

오늘은 순천만 탐험이다. 전라남도 끝에 있는 순천만은 우리나라에서 가장 넓은 갈대밭과 세계 5대 갯벌이 있는 곳이다. 갯벌의 생태도 조사하고, 갈대밭도 걸어 보려고 왔는데 사람이 구름떼처럼 모여서 제대로 탐험을 할 수나 있을까 걱정이 될 정도였다.

"자, 가자!"

부르도크의 외침으로 아홉 번째 탐험이 시작됐다.

대머리 독수리를 찾아라

입구에 들어서니 넓은 공원이 펼쳐지고 그 주위로는 온통 갈대밭이었다. 공원 왼쪽에 순천만의 자연과 생태를 살펴볼 수 있는 자연 생태관이 있었다.

순천만의 자연을 미리 만날 수 있는 자연 생태관

"대머리 독수리를 찾는 것이 이곳에서의 미션이다."

부르도크의 말에 오공이는 자신감이 넘쳤다. 대머리처럼 찾기 쉬운 것도 없다.

자연 생태관 2층으로 올라가니 원앙과 두루미 등 여러 가지 새들이 있었다. 모두 박제돼 있었지만 줄을 이용해 날아가는 모습으로 꾸민 녀석들도 많았다. 그러나 이상했다. 새들을 모두 살펴보았지만 대머리는 보이지 않았다.

"이게 어떻게 된 거야?"

팔숙이가 작은 눈을 찡그리며 말했다.

그때였다. 갑자기 통로에서 번쩍 하고 조명이 반짝였다.

대머리 독수리는 사실 대머리가 아니다.
진짜 이름은 흰머리수리.

"혹시 대머리 독수리?"

오공이는 조명이 빛나는 곳을 바라보며 큰소리로 외쳤다. 그러나 대머리 할아버지였다. 할아버지는 오공이의 말을 들었는지 '음!' 하고 헛기침을 하며 오공이를 노려보았다.

"뭐? 내가 대머리라고? 어른을 놀리면 못써!"

오공이는 재빨리 고개를 숙이고 사과했다.

"죄송합니다. 저희는 대머리 독수리를 찾고 있었어요."

"독수리? 그렇다면…… 그래! 바로 저 놈이 대머리 독수리야."

할아버지는 전시관 구석에서 고민하는 듯한 모습의 큰 새를 가리켰다. 언뜻 봐도 독수리처럼 생겼지만 대머리가 아니라서 허투루 보고 지나쳤던 새였다. 그런데 팻말에는 대머리 독수리라고 씌어 있었다.

"엥? 왜 머리가 안 벗겨졌지?"

오공이는 인증 샷을 찍으면서도 이해가 되지 않았다.

여자의 마음을 왜 갈대와 같다고 할까?

"아니 이걸 어떻게 찾았지?"

부르도크는 기가 막히다는 표정을 지으며 말했다. 부르도크는 보충 설명을 했다.

대머리 독수리의 본래 이름은 흰머리수리이다. 머리 부분에 흰색이 있어서 대머리 독수리라는 이름으로도 불린다는 것이다. 이 새가 원래 사는 곳은 미국이라고 한다.

자연 생태관을 나와 작은 연못을 지나니 무진교라는 다리가 나타났다. 무진교는 김승옥이라는 소설가가 쓴 소설《무진기행》에서 따온 이름이라고 한다. 부르도크는 그 소설의 무대가 바로 순천만이라고 했다.

무진교에 오르니 드넓은 갈대밭이 멀리 바닷가까지 펼쳐져 있었다.

"미션이다. 여자의 마음을 왜 갈대와 같다고 할까?"

이번엔 또 여자의 마음이라니. 해도 해도 너무한다. 부르도크는 왜 이상한 미션만 내는 걸까?

오공이는 팔숙이를 쳐다보았다. "네 마음도 갈대 같니?"라고 물으려다 말았다. 팔숙이가 갈대 같은 마음을 지녔을 리

어른 아이 할 것 없이
갈대 삼매경에 빠져 있다.

아름답고 평화로운 순천만의 모습

는 없어 보였기 때문이다.

"힌트를 주겠다."

부르도크는 갈대를 보며 말했다.

"봐, 약한 바람에도 흔들리고 있다."

"그럼 여자가 아니라 오공이랑 비슷한데요. 오공이는 조금만 겁을 줘도 부들부들 떨거든요."

팔숙이의 말에 부르도크는 '으하하' 하고 호탕하게 웃었다.

오공이는 정답을 알 것 같았다. 여자는 남자보다 마음이 자주 바뀐다는 이야기를 어디에선가 들은 기억이 떠올랐다. 갈대가 바람에 흔들리듯 말이다.

강가엔 갈대(왼쪽), 산에는 억새(오른쪽)로 외우면 쉽다.

부르도크의 힌트가 결정적이었는지 팔숙이도 미션을 풀어냈다. 부르도크는 말했다.

"모두 잘했어. 그런데 갈대는 잘 흔들리지만 쉽게 꺾이진 않아. 이런 게 강한 거야. 어머니는 강하다는 말도 있고, '모든 남자의 어머니는 여자다.'라는 말도 있지."

부르도크의 말은 알아듣겠는데, 뜻은 아리송했다.

"참, 한 가지 더 알아볼 것은 갈대와 억새의 차이점이야."

부르도크는 그렇게 말하고는 "강갈산억!"이라고 외쳤다. 강가에 있으면 갈대, 산에 있으면 억새라는 것이다. 하지만 물가에 나는 물억새도 있다고 한다. 그보다 꽃 모양을 보는 것이 더 확실한데, 억새는 은색이나 흰색이지만 갈대는 갈색이다. 그리고 억새에는 줄기에 마디가 없지만 갈대 줄기에는 마디가 있는 점도 다르다고 한다.

"무슨 키가 이렇게 크지?"

갈대는 부르도크보다도 훨씬 컸다. 대략 2~3미터였다.

"음, 그것도 억새와의 차이점이다. 억새의 키는 1~2미터지."

갯벌의 개구쟁이 짱뚱어

갈대밭 옆으로 나무로 만든 길이 나 있었다.

"우와, 게다!"

아이들은 환호성을 질러댔다. 조그만 게들이 갈대 밑동 사이를 기어 다니고 있었다. 팔숙이는 게가 옆으로 기는 모습을 보고 웃어 댔다.

"미션은 짱뚱어를 찾는 거야."

아이들과 함께 목을 밑으로 쭉 빼고 게를 구경하던 부르도크는 엉뚱한 미션을 냈다.

"짱뚱어가 뭐지?"

한 번도 들어본 적 없는 이름이었다. 사람일까? 사물일까? 전혀 알 수가 없었다.

"이름이 짱뚱어라는 아이는 없는데……."

팔숙이는 주변에 있는 탐험대 아이들을 돌아보며 중얼거렸다.

오공이는 계속 갯벌을 바라보며 길을 따라 걸었다. 짱뚱어는 갯벌에 사는 게 분명하다는 생각이 들었기 때문이다.

"저 녀석들, 또 나왔네. 확 잡아먹을까 보다!"

그때, 한 아저씨가 물가를 가리켰다. 순간 오공이는 '허걱!' 하고 놀라고 말았다. 이상하게 생긴 물고기가 갯벌에 올라와 있었다.

"별난 물고기네. 왜 땅 위로 올라왔지?"

팔숙이도 벌어진 입을 다물지 못했다.

그때였다.

"우리 좀 있다가 짱뚱어탕이나 먹자고."

"좋지! 저 놈이 생긴 건 못생겼어도 맛은 최고야."

오공이는 얼른 휴대 전화를 꺼내 들었다. 짱뚱어라는 녀석은 오공이의 카메라를 의식했는지 펄쩍 뛰며 입을 크게 벌리는 포즈를 취했다.

장뚱어는 폐가 있어서 공기 호흡도 할 수 있는 물고기라고 한다. 그

더 알아보기

세계 5대 갯벌은 어디?

순천만은 흔히 세계 5대 갯벌이라고 해요. 이는 순천만뿐만 아니라 우리나라 서해안과 남해안을 전부 갯벌(약 5,400㎢)로 쳐서 말하는 거예요. 나머지 세계적인 갯벌은 다음과 같아요.

북해 연안 : 독일과 네덜란드, 덴마크의 해안 약 9,000㎢를 아우르는 갯벌이에요.

미국 동부 조지아 연안 : 대서양 쪽 습지로 하구나 만이 많아요.

캐나다 동부 연안 : 대서양 연안의 염분 변화가 큰 습지입니다.

아마존 유역 연안 : 맹그로브라는 특이한 식물이 자라는 삼각주 형태로, 우리의 갯벌과는 성격이 달라요.

래서 뭍으로 올라오기도 하고, 먹이를 발견하면 점프해서 잡아먹기도 한다.

"부르도크, 우리도 짱뚱어탕 먹어요!"

오공이의 말에 부르도크는 입가에 웃음이 번졌다.

"내가 그래서 미션으로 냈다."

부르도크는 갯벌의 유익한 점을 설명했다. 갯벌은 게나 조개, 물고기가 많이 자라 어민들에게 경제적인 도움을 주고, 철새들이 먹이를 찾아 날아오는 곳이기도 하다. 지구상 생물의 20퍼센트가 갯벌에 살고 있다는 조사 결과도 있다.

"우와, 정말이에요?"

팔숙이는 놀랐는지 입을 벌리고 물었다.

"그뿐만이 아니야. 갯벌은 육지에서 밀려드는 오염 물질을 깨끗하게 정화시키기도 하고, 폭풍을 막아 주기도 해. 또 이렇게 생태 관광을 할 수 있게 해 주는 것도 우리에겐 큰 혜택이지."

최고의 노을 감상하기

늦가을의 해가 뉘엿뉘엿 서쪽으로 기울고 있었다. 다른 사람들은 집으로 돌아가는데 탐험대는 계속 앞으로 나아갔다. 마침내 갈대밭 끝에서 작은 다리를 건너 야산으로 올라섰다.

"아이고, 힘들어!"

오공이는 점점 짜증이 났다. 순천만 갈대밭이라고 해서 바닷가만 왔다 갔다 하는 줄 알았는데, 산까지 오르게 될 줄은 몰랐다. 오르막길은 언제나 힘들었다.

오공이의 기분과는 상관없이 부르도크는 미션을 냈다.

"순천만 최고의 노을을 찾아라."

"이렇게 깜깜한데?"

팔숙이 말대로 이미 어둑어둑해진 상태였다.

"여기 노을 진짜 아름답다!"

"난, 이런 노을 처음 봤어!"

아줌마들이 위쪽에서 내려오며 말했다.

"일몰 보셨어요?"

오공이의 말에 한 아줌마가 말했다.

"얼른 뛰어가면 볼 수 있을 거다."

그 말을 들은 부르도크는 외쳤다.

"얼른 뛰어!"

고생을 사서 한다는 게 이런 건가? 오공이는 입이 불쑥 튀어나오기 시작했다. 혼자 중얼중얼, 투덜투덜……. 그때였다.

"오공아, 저기 봐! 정말 멋지다!"

붉은 노을이 순천만에 내려 앉아 있었다.

"여기는 용산 전망대라고 해. 순천만 갈대밭을 왔다갔다 해도 이곳을 잘 모르는 사람들이 많지. 하지만 순천만 노을을 보지 않고 돌아가면 후회할 걸."

부르도크의 말이었다.

노을은 마지막 순간이 더욱 진하다는 말도 있다.

"아까 그 아주머니들은 이런 건 못 봤을 거야."

팔숙이는 황홀한 노을에 흠뻑 빠져 있었다.

오공이는 노을이 사라지고 있는 하늘을 바라보았다. 와락! 하고 쏟아질 듯 수많은 별이 빛나고 있었다.

여행 안내

- **가는 방법** : 서울 – (고속버스, 열차) – 순천 – (버스) 순천만
- **여행 코스** : 자연 생태관 – 무진교 – 갈대 데크 – 용산 전망대
- **함께 알아보기**
    - 순천만 자연 생태 공원 둘러보기(http://www.suncheonbay.go.kr/)
    - 순천만에 사는 생물들 조사하기
    - 노을이 붉은 이유에 대해 알아보기
- **함께 관람하기**
    - 순천만 자연의 소리 체험관(생태 공원 옆)
    - 순천만 갈대 축제(다대포구)
    - 순천만 허수아비 축제(장산 들녘)
    - 순천만 천문대(자연 생태관 내)

순천만의 별미 짱뚱어탕

오공이의 역사 탐방기 ❾

갈대밭과 갯벌의 추억 순천 순천만

와우! 이런 곳이 있었다니! 순천만 갈대밭에 들어가 보니 정말 대단했다. 그렇게 넓은 지역이 온통 갈대밭이었다. 게다가 갈대만 있는 게 아니었다. 게도 많이 기어 다니고 짱뚱어라는 못생긴 물고기도 있었다. 정말이다. 또 이름 모를 철새도 많았다. 이런 곳은 오염되지 않도록 대대로 보전해야 할 것 같았다. 그림처럼 아름답다는 순천만 노을을 보기 위해 늦은 시각까지 갈대밭에 있다가 앞이 잘 안 보여서 진흙탕에 빠질 뻔했다. 돌아오는 길에 먹은 짱뚱어탕은 정말 맛있었다. 짱뚱어, 너 생긴 건 못생겼어도 맛은 끝내주는구나?

◐ 갯벌은 우리에게 어떤 이로움을 줄까?

순천만 갈대밭은 갯벌에 형성되어 있었다. 그런데 갯벌이 얼마나 넓은지 끝이 보이질 않았다. 본래 순천시에서는 이 갯벌을 모두 메워서 개발하려고 했다가 공원으로 꾸몄다는데, 정말 잘한 것 같다. 갯벌은 다양한 생명체들이 사는 곳이며, 홍수도 막고 해일도 막는 역할을 한다. 또 갯벌은 우리를 시인으로 만드는 것 같다. 많은 사람들이 나와 같은 마음이 아닐까. 두 사람 빼고, 감정이라고는 전혀 없어 보이는 팔숙이랑 악당 같은 부르도크!

◐ 갈대와 억새는 어떻게 다를까?

갈대는 봤어도 억새는 본 적이 없었다. 그래서 갈대처럼 생겼으면 전부 갈대라고 생각했는데, 이번 여행을 통해 확실하게 알 수 있었다. 우선 갈대는 색깔이 갈색에 가깝지만 억새는 하얗다는 점이 다르다. 또 갈대는 줄기에 마디가 있지만 억새는 마디가 없이 쭉 키가 큰다. 그리고 갈대는 주로 강가나 바닷가와 같이 물가에 살고, 억새는 산 위에 산다고 한다. 앞으로 갈대와 억새는 확실하게 구분할 수 있을 것 같다.

◐ 갯벌은 어떻게 생길까?

갯벌은 오랜 시간에 걸쳐 만들어지는 것이라고 한다. 그래서일까? 간척 사업을 할 때마다 환경 보호 단체와 잦은 마찰이 생겨나곤 한다. 도대체 갯벌은 어떻게 생겨나는 것일까? 이번 여행을 통해 확실히 알았다. 갯벌은 해안의 경사가 완만하고 밀물과 썰물의 차이가 큰 지역에 흙이나 모래가 계속 쌓이면서 만들어진다고 한다. 우리나라에는 서해안과 남해안에 갯벌이 많은데, 이중 순천만 갯벌은 가장 깨끗한 갯벌로 유명한 곳이라고 한다.

다음에 꼭 가 봐야지!

순천만 국제 정원박람회

순천만 국제 정원박람회장은 순천만 갈대밭에서 얼마 떨어져 있지 않았다. 거리도 가깝고, 박람회장에서 모노레일도 탈 수 있다는데! 아쉽게도 이번 기회에는 가 보지 못했다. 정원박람회장은 세계 각 나라의 멋진 정원을 박물관처럼 꾸며놓은 장소다. 프랑스, 이탈리아, 미국 등 다양한 나라의 정원을 한 장소에서 볼 수 있어서 사진을 찍기에도 좋을 것 같았다. 박람회가 끝난 뒤에도 시설은 그대로 남아 있다고 하니 다음에 팔숙이랑 같이 가서 팔숙이 사진은 말고 아름다운 정원 사진만 잔뜩 찍어 와야지.

10 문경 새재
옛 과거 길을 걸어서 넘다

문경 새재는 새도 넘기 힘들어서 새재라고 부른다. 하지만 옛날 선비들은 한양에 과거를 보러 갈 때 다른 길을 놔두고 굳이 이 고개를 넘었다. 도대체 왜 그랬을까? 곳곳에 남아 있는 옛 선비들의 이야기와 외적을 막기 위해 설치한 3개의 관문, 옛 관리들의 숙소와 드라마 촬영지, 옛길 박물관 등 볼 것도 많은 문경 새재에서 그 비밀을 풀어 보자.

5-1 사회 3. 유교 전통이 자리 잡은 조선 ④ 조선 시대 사람들의 생활
⑤ 임진왜란과 병자호란
6-1 사회 3. 지형과 우리 생활

"에헴!"
어디에선가 부르도크의 헛기침 소리가 들렸다.
"오늘은 이런 분들이 넘었던 문경 새재를 탐험한다."
부르도크는 문경 새재 입구를 지키고 있는 동상을 가리켰다.
머리에 갓을 쓴 것을 보니 옛날 사람이 분명했다.
"이런 분들을 선비라고 한다. 선비들은 한양에서 과거를 보고 합격하면 관리가 되었는데, 바로 문경 새재가 선비들이 과거를 보러 다니던 길이야."

부르도크의 말이 끝나자마자 오공이는 '으~' 하는 소리가 절로 나왔다. 대관령에서의 기억이 났기 때문이다. 대관령은 위에서 아래로 내려가면서 탐험해서 큰 어려움은 없었지만, 이곳은 낮은 곳에서 높은 곳으로 올라가야 하니 힘들게 뻔했다.

문경 새재 입구에 있는 선비의 상

옛 과거 길 문경 새재

탐험대는 먼저 오른쪽에 있는 커다란 기와 건물 안으로 들어갔다. 옛길 박물관이다. 안으로 들어가니 옛날 지도와 나그네들이 지니고 다니던 물품들이 전시되어 있었다. 특히 옛날 나침반인 윤도와 짚신, 보따리처럼 생긴 괴나리봇짐이 먼저 눈에 띄었다.

"자, 여기 지도를 잘 봐라."

부르도크는 옛 지도를 가리켰다. 요새 지도와는 많이 달라서 어디가 어딘지 잘 알 수 없을 지경이었다.

"여기가 문경 새재야. 오른쪽은 죽령, 왼쪽 아래에는 추풍령이 있어. 이 세 길은 경상도에서 한양으로 가는 길이었지. 그런데, 과거를 보는 선비들은 꼭 가운데 길인 문경 새재로만 다녔어. 왜 그랬을까?"

부르도크는 설명을 끝내며 미션을 냈다.

"쳇! 그 길이 그 길 같은데……."

팔숙이는 심드렁한 표정으로 중얼거렸다. 문경 새재와 죽령, 추풍령은 서로 비슷한 곳에 있는 고개였다. 그런데, 왜 과거를 보러 갈 때는 문경 새재만 이용했느냐는 것이다. 도무지 감이 잡히질 않는 미

옛날 나침반인 윤도

션이다.

아이들이 긴가민가한 표정을 짓자 부르도크는 말했다.

"힌트! 고등학생 언니 오빠들이 대학 입학 시험을 볼 때, 주변 사람들이 떡이나 엿을 사 주곤 하지? 대학에 척 붙으라는 의미로 말이야. 하하하!"

순간 오공이는 '우왕!' 하며 수첩을 꺼내서 미션의 정답을 적었다.

"뭐라고 쓰는 거니?"

팔숙이였다.

"죽령은 죽이고 추풍령은 추풍이니까."

오공이의 말에 팔숙이는 '그게 무슨 상관이니?'라고 되물었다.

오공이는 얼마 전에 텔레비전 드라마를 보다가 대학 입시에 실패한 주인공이 이런 대사를 하는 걸 본 기억이 났다.

"이번 시험은 완전 죽쒔어! 추풍낙엽이 됐다고!"

추풍낙엽이란 '가을 바람에 떨어지는 낙엽'이라는 뜻이라고 한다. 낙엽을 우수수 떨어뜨리는 게 추풍이니까 과거 시험을 앞둔 선비들이 추풍령으로 갔을 리가 없다. 죽령도 마찬가지다. 왠지 그 길로 가면 시험을 죽 쑬 것이라는 안 좋은 예감이 들었을 것 같았다. 이번에도 미션 성공!

나그네를 위한 시설은 무엇이 있었을까?

옛길 박물관을 나와 성문으로 향했다.

"여긴 제 1관문으로 주흘관이라고 해."

부르도크는 관문에 대해 설명했다. 관문은 국경이나 요새, 또는 주요한 곳에 설치한 성을 말한다. 문경 새재에는 모두 세 개의 관문이 있다. 1관문은 주흘관이고, 중간쯤에는 2관문인 조곡관이 있다. 그리고 문경 새재 꼭대기에는 3관문인 조령관이 있다.

국경도 아닌 문경 새재에 관문을 세 개나 쌓은 것은 임진왜란(1592~1598) 때문이다. 임진왜란 때 왜군이 이 길을 통해 한양으로 올라왔는데, 당시 너무 허술해서 왜군을 막지 못했다고 한다. 그래서 1708년에 성을

문경 새재 첫 관문인 주흘관

쌓고 관문을 설치했다는 것이다.

"아파트 현관 알지. 현관이라는 말도 관문에서 나온 말이야."

부르도크는 그렇게 마무리했다.

1관문에 들어서니 왼편에 드라마 세트장이 나타났다. 주로 사극 드라마를 찍는 곳이라고 한다. 그리고 그곳에서 다시 10분쯤 더 올라가니 이번엔 돌담으로 둘러쳐진 작은 초가집이 나타났다. 이곳은 조령원이라는 곳으로, 옛날에 출장을 다니던 관리들이 숙소로 사용하던 곳이라고 한다.

"이런 곳에서 관리들이 잤다고요?"

팔숙이는 안을 들여다보더니 눈살을 찌푸렸다. 바닥은 흙투성이고 벽

도 지저분했다.

"하하하, 누추하긴 하지! 하지만 옛날엔 이보다 더 잘해 놨을 거다. 지금은 그냥 복원만 해서 이렇지."

오공이도 그 말을 듣고 나서야 이해가 되었다.

부르도크는 추가로 설명했다.

옛날 길목에는 원 이외에도 여러 가지 시설이 있었다. 주막은 길손들이 잠을 자거나 음식을 먹던 곳이었다. 원이 나라에서 운영하는 기관이었다면, 주막은 개인이 운영하던 음식점과 비슷했다고 한다. 이보다 더 큰 시설로는 역이 있었다. 역은 국가의 명령이나 공문서를 전달하는 곳으로, 참이라고도 불렸다. 역은 암행어사들이 말을 빌리기도 했던 곳이었다. 역과 원은 오늘날 지명에도 많이 남아 있다.

산불됴심비와 소원성취탑

"어떤 초딩이 여기에 낙서를 했지?"

팔숙이가 비석을 가리키며 말했다.

"으하하하! 맞춤법 틀렸다."

오공이도 비석에 적힌 글씨를 보고 웃었다. 비석에는 한글로 '산불됴심'이라고 적혀 있었던 것이다.

"그거 100년도 더 된 거야. 그땐 조심을 '됴심'이라고 했어."

부르도크가 말했다. 맞춤법보다 중요한 것은 옛날에도 자연을 보호했다는 사실이다.

"어? 저건 또 뭐야?"

길 왼편에 돌무더기로 된 탑이 나타났다.

소원을 말해 봐! 소원성취탑

"너희들도 소원을 빌어 봐라. 길손들이 돌을 올려놓으면서 소원을 빌던 소원성취탑이야."

부르도크는 특히 이곳에 있는 돌탑은 공부를 잘하게 해달라고 소원을 비는 곳으로 유명하다고 했다. 옛날에 과거를 보러 가던 선비들이 좋은 성적을 내기를 기원하며 돌을 쌓았던 장소이기 때문이다.

오공이와 팔숙이는 돌을 가져와 돌탑에 올려놓았다. 팔숙이는 돌을 올

옛날에도 산불 조심 운동을 했음을
알 수 있는 산불됴심비

려놓으며 싱글벙글 웃었다.

"왜 웃니?"

오공이가 궁금해서 물었다.

"응. 오공이 네가 내 말을 잘 듣게 해 달라고 빌었거든."

"뭐야?"

오공이의 외침에 팔숙이는 "호호호!" 하고 웃으며 달아났다.

"아차! 나 좀 봐!"

부르도크는 억울한 표정으로 말했다.

"왜요?"

팔숙이는 궁금한 듯 물었다. 부르도크는 "미션 없이 두 코스나 지나쳤어!"라며 안타까운 얼굴로 말했다.

"이번 미션은 '상처 난 소나무를 찾아라.'야."

부르도크는 재빨리 미션을 냈다. 그 말을 들은 오공이는 자기도 모르게 한숨이 나왔다.

"또 소나무야?"

팔숙이도 툴툴거렸다. 아차산에서도 명품 소나무를 겨우 찾았고, 서울 성곽 탐험에서는 여행객 덕분에 총 맞은 소나무를 찾을 수 있었다. 이번엔 누구의 도움을 받아야 할까? 오공이와 팔숙이는 좌우의 나무들을 훑어보며 걸어갔다.

상처 난 소나무의 가슴 아픈 사연

그러나 어디에도 상처 난 소나무는 보이지 않았다.

"좋은 방법이 하나 있긴 해."

팔숙이가 뭔가 생각난 듯 말했다.

"뭔데?"

오공이는 궁금했다.

"쉿!"

팔숙이는 집게손가락을 입술에 대며 좌우를 두리번거렸다.

"나만 따라와."

잠시 뒤. 팔숙이는 길가에 있는 소나무 앞에 가서 손에 들고 있던 돌멩이로 나무의 표면을 살짝 긁었다.

"그까짓 상처 우리가 내면 되잖아!"

오공이는 '어이쿠!'라고 외치며 뒤로 쓰러지고 말았다.

"너희 나무에 무슨 짓을 한 거야?"

부르도크가 눈을 부라리며 화를 냈다. 탐험대는 자연과 역사, 문화를 탐험하는 것인데, 자연을 훼손하면 어떻게 하느냐며 벌칙을 주었다.

"저기 소나무에 기대고 3분간 물구나무를 선다! 실시!"

"아오!"

오공이는 잘못도 없는데 벌을 받게 되어 입이 코보다 더 앞으로 삐죽 튀어나와 있었다.

야외에서 소나무에 의지해 물구나무를 서는 것은 여간 힘든 게 아니었다. 낑낑대며 버티고 있는데, 부르도크가 "이제 1분밖에 안 지났다!" 하고 말했다.

"무슨 1분이 이렇게 길어요?"

팔숙이의 말에 오공이는 힘이 쭉 빠져서 옆으로 쓰러졌다. 쓰러지며

일제 강점기 때 수난을 당한 소나무

옛 과거 길은 큰 길 옆에 나 있다.

다리 한 쪽으로 옆에 있는 소나무를 찼는데, 부르도크가 그것을 보고 말했다.

"어? 이제 발로 나무를 차? 얼른 그 나무한테 사과해라!"

오공이는 일어서며 옆에 있는 소나무를 쳐다보았다. 그런데 이게 웬일일까. 소나무의 중간쯤이 푹 파여 있고, 이런 설명이 붙어 있었다.

'일제 강점기 때 일제가 사람들을 동원하여 소나무에서 송진을 채취했는데, 이 소나무에는 당시에 사람들이 송진을 채취하며 낸 상처가 남아 있다.'

"오예! 찾았다!"

오공이는 얼른 휴대 전화를 꺼내서 인증 샷을 찍었다.

"저 녀석 봐라! 벌 받는 녀석이 웃음이 나와?"

부르도크의 양 눈썹이 위로 한껏 치켜 올라갔다.

옛 선비들의 시를 찾아라

"오공이랑 팔숙이! 너희 둘은 저 쪽 길로 가도록 해."

화가 단단히 난 부르도크가 오공이와 팔숙이에게 말했다. 길은 겨우 한 사람이 지나다닐 수 있을 만큼 좁았고, 멀리 언덕 부근에는 눈까지 쌓여 있었다.

"무서워!"

오공이 얼굴에 걱정이 가득했다. 이때, 부르도크가 미션을 냈다.

"아마 옛 선비들이 남긴 시가 어딘가에 있을 거야. 한 수 적어 오도록."

길 입구에는 '옛 과거 길'이라는 이정표가 붙어 있었다. 진짜 옛날 길이 바로 이 길이고, 큰길은 후에 생긴 길임을 알 수 있었다. 그런데 아무도 지나가지 않은 듯 길에는 발자국조차 없었다.

조금 걸어가니 큰길은 더 이상 보이지 않았다. 물론 부르도크와 다른 탐험 대원들도 보이지 않았다.

"제대로 가고 있는 거야?"

길이 더욱 좁아지자 오공이는 불안해졌다.

"걱정 말고 따라오기나 해."

팔숙이는 씩씩하게 앞서 나갔다.

그런데, 앞서 가던 팔숙이가 몸을 기우뚱하더니 그만 비탈로 데굴데굴 구르고 말았다.

"에구구! 사람 살려!"

오공이는 "팔숙아!" 하고 큰 소리로 외쳤다.

팔숙이는 수십 미터나 아래로 굴러갔다. 다행히 눈이 많이 쌓여 있어서 다친 곳은 없었다. 팔숙이는 아무렇지 않은 듯 옷을 툭툭 털며 일어났다. 팔숙이는 오공이를 향해 소리를 질렀다.

"이거 의외로 재미있어! 너도 굴러 봐!"

팔숙이의 말에 오공이는 다리가 부들부들 떨렸다.

"나……난 못해!"

그때였다.

"오공아, 뒤에 반달곰이 있어!"

팔숙이의 외침에 오공이는 "정말?" 하며 뒤돌아서려다 그만 죽 미끄러지고 말았다. 팔숙이처럼 오공이도 데굴데굴 굴러 떨어졌다.

"괜찮아?"

팔숙이의 말에 오공이는 겨우 정신이 들었다. 그런데 눈앞에 뭔가 적혀 있는 돌이 보였다.

 더 알아보기

과거 시험은 어떻게 치렀을까?

옛날 공무원을 선발하는 시험을 과거라고 해요. 과거는 크게 소과와 대과로 나눠서 치렀어요. 소과는 생원이나 진사처럼 하급 관리를 뽑는 시험이고, 대과는 고급 관리를 뽑는 시험이었어요. 소과에 합격해야 대과를 치를 수 있었어요. 1~3차 시험을 보는데, 지방에서 1차를, 한양에서 2~3차를 봤어요. 2차 시험에서 33명을 뽑고, 이들이 임금님 앞에서 최종 시험을 봤어요. 여기서 1등을 하면 장원 급제라고 했습니다. 장원 급제는 가문의 영광이었죠.

문경 새재를 넘던 옛 사람들이 남긴 시를 읊는 것도 재미!

"누가 여기에 낙서를 했나?"
팔숙이는 손으로 눈을 쓸어냈다.

〈겨울 날 서울 가는 길에 새재를 넘으며〉

새재의 험한 산길 끝이 없는 길
벼랑길 오솔길로 겨우겨우 지나가네.
차가운 바람은 솔숲을 흔드는데
길손들 종일토록 돌길을 오가네.

시내도 언덕도 하얗게 얼었는데
눈 덮인 칡넝쿨엔 마른 잎 붙어 있네
마침내 똑바로 새재를 벗어나니
서울 쪽 하늘엔 초승달이 걸렸네.

돌 아래에 조선 후기의 실학자 정약용(1762~1836)이 쓴 시라는 설명이 있었다. 정약용은 개혁을 통해 나라를 부강하게 만들어야 한다고 주장했던 개혁가이기도 하다. 관리들의 폭정을 비판한 《목민심서》라는 책을 쓴 것으로도 유명하다. 어영부영 이번 미션도 해결이었다.

잠시 뒤 소나무 숲에서 웅성웅성거리는 소리가 들려왔다.

부르도크와 탐험대였다.

"어? 벌써 왔니?"

부르도크는 고개를 갸웃거리며 물었다.

"다 방법이 있거든요. 호호호!"

팔숙이와 오공이는 활짝 웃었다.

아리랑비를 지나고 장원 급제 길을 지나니 어느새 정상이다. 정상에는 마지막 관문인 조령관이 있었다. 조령관으로 들어서면서 올라온 길을 되돌아보니 멀리 산 하나가 흰 눈을 머리에 이고 아름답게 서 있었다. 이 산의 이름은 주흘산이었다.

"영남 지방 할 때 영남은 바로 이곳, 조령에서 바라보는 남쪽 지방을 말해. 즉, 영남은 조령 남쪽이라는 말이다."

옛 선비들이 넘던 문경 새재. 새재는 새도 넘기 힘들어서 붙여진 이름이라고 한다. 이곳을 오르다니, 오공이는 가슴이 벅차올랐다.

부르도크는 곧 탐험왕을 선발한다고 한다. 탐험왕에 뽑힌다면 좋겠지만 오공이는 그보다 더 큰 소원을 빌었다. 여행을 다니며 역사를 공부할 수 있는 부르도크 탐험대가 앞으로도 계속 되었으면 하고 말이다.

여행 안내

- **가는 방법** : 동서울 – (직행버스) – 문경 – (버스) – 새재
- **여행 코스** : 옛길 박물관 – 주흘관(제1관문) – 조령원 터 – 상처 난 소나무 – 산불됴심비 – 조곡관(제2관문) – 시가 있는 옛길 – 귀틀집 – 조령관(제3관문)
- **함께 알아보기**
  - 옛날 과거 시험은 어떻게 치렀을까 알아보기
  - 옛날 길에는 무엇이 있나 찾아보기
  - 문경 새재 관문은 왜 세웠는지 알아보기
  - 옛날에 길을 갈 때는 무엇을 갖고 다녔나 알아보기
  - 옛 사람들의 자연 보호 운동 살펴보기
- **함께 관람하기**
  - 옛길 박물관 054-550-8366
  - 문경 새재 자연 생태 공원 054-550-8383

문경 새재 정상에 서 있는 조령관

오공이의 역사 탐방기 ⑩

옛 과거 길을 걷다 문경 새재

마지막 여행지는 문경 새재였다. 새도 넘기 힘들어 중간에 쉬어간다고 해서 '새재'라고 불린다는 말을 듣고 덜컥 걱정이 앞섰다. 하지만 막상 가 보니 대관령보다는 쉬운 코스였다. 특히 팔숙이와 옛 과거 길을 걸을 때는 신기한 기분이 들었다. 마치 든든한 하인을 데리고 과거를 보러 가는 기분이었다고나 할까? 하하하! 길에는 옛날 사람들이 쉬어가던 주막도 있었고, 관원들이 출장갈 때 머무는 조령원도 있었다. 소원성취탑에서는 소원도 빌었다. 무슨 소원을 빌었는지는 비밀! 나중에 소원이 이루어지면 또 한번 가 봐야지.

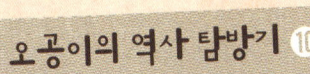

○ 과거 길은 문경 새재 밖에 없었을까?

문경 새재 주변에는 죽령도 있고 추풍령도 있다. 그런데 경상도 지역에서 한양으로 과거를 보러 가는 사람들은 모두 문경 새재로만 다녔다고 한다. 왜 그랬을까? 이유는 고개의 이름 때문이었다. 죽령은 죽처럼 '죽~' 미끄러질 것 같고, 추풍령은 가을에 떨어지는 '추풍낙엽'이 떠올라 그쪽 길로 다니지 않았다는 것이다. 그 말을 들으니 죽령과 추풍령도 가 보고 싶어졌다. 단, 중요한 시험을 치르기 전에는 말고.

◐ 일제강점기 때 일본인들이 송진을 채취한 이유?

문경 새재에서 상처 난 소나무들을 종종 볼 수 있었다. 칼 같은 것으로 박박 긁은 것처럼 상처가 심한 소나무들에 특히 눈길이 갔다. 이는 일제강점기 때 일본인들이 우리나라 사람들을 강제로 동원해서 송진을 채취한 흔적이라고 한다. 도대체 왜 송진을 채취했을까 궁금했는데, 무섭게도 송진으로 화약을 만들었다고 한다. 실제로 송진을 가루로 만들어서 불에 뿌리면 화력이 대단해진다고 한다. 무기로 쓰려고 우리나라 사람들을 괴롭히고 소나무에도 상처를 내다니! 일본 사람들이 너무 미웠다.

◐ 옛날 고갯길에는 어떤 시설이 있었을까?

문경 새재를 여행하면서 가장 궁금했던 것은 옛날 사람들이 어떻게 길을 걸었는가 하는 것이었다. 사람들이 가는 길이니까 고속도로 휴게소처럼 음식을 파는 곳도 있었는데, 이를 주막이라고 한다. 주막은 고개 양쪽 입구에 늘어서 있었다. 이밖에도 관리들이 이용하는 원, 지나가는 사람들이 하나둘 돌을 쌓아 놓은 돌탑 등이 있었다. 이외에도 아리랑비와 너와집 등의 볼거리가 있었다. 아, 옛길박물관도 빼놓을 수 없다. 이곳에서는 문경 새재 옛길의 역사를 한눈에 볼 수 있었다.

다음에 꼭 가 봐야지!

문경 레일바이크

문경에서는 꼭 가보고 싶은 곳이 있었다. 바로 문경 레일바이크와 석탄박물관이다! 문경은 옛날에 석탄이 많이 생산되는 곳이었는데, 레일바이크는 석탄을 실어 나르던 철길을 개조해서 만든 놀이 기차이다. 우리나라 곳곳에 레일바이크가 설치되어 있는데, 문경 레일바이크가 1호라고 한다. 운행 구간도 네 곳이나 되어 다양한 경치를 감상할 수 있다는데, 다음에 팔숙이와 함께 가 봐야겠다. 팔숙이는 페달 돌리고 나는 경치 감상하면 딱이겠는걸?

초판 1쇄 발행 2014년 2월 18일 | **초판 3쇄 발행** 2017년 5월 25일

지은이 정인수 | **그린이** 윤유리

펴낸이 홍석 | **기획위원** 채희석

편집부장 이정은 | **편집** 차정민 · 김나영 | **디자인** 고문화 | **마케팅** 홍성우 · 김정혜 · 김화영

펴낸곳 도서출판 풀빛 | **등록** 1979년 3월 6일 제 8-24호

주소 서울특별시 서대문구 북아현로 11가길 12 3층(북아현동, 한일빌딩)

전화 02-363-5995(영업) 02-362-8900(편집) | **팩스** 02-393-3858

전자우편 kids@pulbit.co.kr | **홈페이지** www.pulbit.co.kr

ⓒ정인수, 2014

ISBN 978-89-7474-213-3 73980

이 도서의 국립중앙도서관 출판시도서목록(CIP)은 서지정보유통지원시스템홈페이지(http://seoji.nl.go.kr)와 국가자료공동목록시스템(http://www.nl.go.kr/kolisnet)에서 이용하실 수 있습니다. (CIP제어번호: CIP2013025961)

* 지은이와 협의해 인지는 생략합니다.
* 책값은 뒤표지에 표시되어 있습니다.

| **제품명** 아동 도서 | **제조년월** 2017년 5월 25일 | **사용연령** 8세 이상
제조자명 도서출판 풀빛 | **제조국명** 대한민국 | **전화번호** 02-363-5995
주소 서울 서대문구 북아현로 11가길 12 3층 (북아현동, 한일빌딩)
KC마크는 이 제품이 공통안전기준에 적합하였음을 의미합니다.

⚠ 주 의
종이에 베이거나 긁히지
않도록 조심하세요.
책 모서리가 날카로우니
던지거나 떨어뜨리지 마세요.

아이들에게 세계를 이해하는 넓은 시각을 키워 주는
〈함께 사는 세상〉 시리즈

〈함께 사는 세상〉 시리즈는 어린이들에게 다른 생각과 모습을 지닌 사람들과 함께 살아가는 방법을 알려주기 위해 기획되었습니다. 〈함께 사는 세상〉 시리즈를 통해 어린이들은 새로운 지식을 접할 수 있고, 어른들은 기존 상식을 되새겨 보며 세상을 보다 넓은 시야로 바라볼 수 있을 것입니다.

• 각 200쪽 내외 | 각 11,000원 내외

함께 사는 세상 1 둥글둥글 지구촌 종교 이야기
크리스티네 슐츠 라이스 글 | 베르너 티키 퀴스텐마허 그림 | 임미오 옮김

함께 사는 세상 2 둥글둥글 지구촌 문화 이야기
크리스티네 슐츠 라이스 글 | 안나 침머만 그림 | 이옥용 옮김

함께 사는 세상 3 둥글둥글 지구촌 인권 이야기
신재일 글 | 유남영 그림

함께 사는 세상 4 둥글둥글 지구촌 경제 이야기
석혜원 글 | 유남영 그림

함께 사는 세상 5 둥글둥글 지구촌 문화유산 이야기
한미경 글 | 유남영 그림

함께 사는 세상 6 둥글둥글 지구촌 돈 이야기
석혜원 글 | 유남영 그림

함께 사는 세상 7 둥글둥글 지구촌 국제구호 이야기
이수한 글 | 유남영 그림

함께 사는 세상 8 둥글둥글 지구촌 음식 이야기
김선희 글 | 유남영 그림

함께 사는 세상 9 둥글둥글 지구촌 환경 이야기
장성익 글 | 유남영 그림

함께 사는 세상 10 둥글둥글 지구촌 축제 이야기
정인수 글 | 유남영 그림

함께 사는 세상 11 둥글둥글 지구촌 식물 이야기
김영아 글 | 유남영 그림

함께 사는 세상 12 둥글둥글 지구촌 수도 이야기
박신식 글 | 유남영 그림

함께 사는 세상 13 둥글둥글 지구촌 건축 이야기
김상태 글 | 김석 그림

함께 사는 세상 14 둥글둥글 지구촌 시장 이야기
석혜원 글 | 김석 그림

함께 사는 세상 15 둥글둥글 지구촌 관혼상제 이야기
정인수 글 | 윤유리 그림

함께 사는 세상 16 둥글둥글 지구촌 학교 이야기
안나모 글 | 김석 그림

한 권으로 끝내는 둥글둥글 지구촌 이야기(워크북)

꿈 선생님과 함께 꿈과 직업을 탐색하는 진로 탐색 동화!
꿈을 찾아 주는 마법 카메라
이서윤 글 | 이경석 그림 | 184쪽 | 12,000원

《꿈을 찾아 주는 마법 카메라》는 풀빛의 〈행복한 어린이 학교〉 시리즈의 첫 번째 책입니다. 현직 초등학교 선생님이자 교육서 작가인 이서윤 선생님이 실제로 아이들과 함께 꿈과 직업을 탐색한 경험과 노하우를 담아 동화 형식의 진로 탐색 워크북을 만들었습니다. 꿈과 직업, 행복해지는 법, 재능 탐색 등 아이들의 실제 고민을 바탕으로 이야기를 구성했고, 아이가 스스로 답을 생각해 보고 써 보는 단계별 활동을 함께 구성했습니다. 아이들은 이야기를 읽으면서 단계별 활동을 직접 해 보며 자기 삶을 가꾸는 방법을 배울 것입니다. 자기 삶을 가꿀 줄 아는 어린이가 많을수록 행복한 세상이 만들어집니다. 〈행복한 어린이 학교〉가 행복한 어린이, 행복한 세상을 만드는 데 보탬이 되기를 바랍니다.

인성이 바른 어린이가 되려면?
사자 소학과 명심보감으로 바른 인성 기르기

〈인성이 바른 어린이〉 시리즈의 두 번째 책《내가 잘못하면 왜 엄마가 혼나요?》는
우리 어린이들이 바른 인성을 키울 수 있도록 도와주는 책입니다.
2011년에 출간된《숟가락 먼저 들면 왜 안 돼요?》가《소학》을 기초로 예의범절을 다루었던 것처럼,
《내가 잘못하면 왜 엄마가 혼나요?》는 우리 선조들이 착한 행실을 기르기 위해 읽었던《명심보감》을
현대적으로 재해석함으로써 어린이들에게 마음을 깨끗하게 가꾸는 방법을 가르쳐 주고 있습니다.

숟가락
먼저 들면 왜 안 돼요?
최영갑 글 · 김명진 그림 | 160쪽 | 11,000원

내가 잘못하면
왜 엄마가 혼나요?
최영갑 글 · 이경택 그림 | 160쪽 | 11,000원